マンガでわかる

成功する転職

森本千賀子 監修
サイドランチ マンガ

池田書店

んん……
キャッ!
だ、誰?
うう……
君こそ誰だ!?
それに
ここは……

どこなんだ……?
外に出よう
クソッ開かない
ガチャ
ガチャ
いったい何なんだ!
お目覚めになりましたか?
だ、誰だ!?

「転職虎の穴」へ
ようこそ
「転職
虎の穴」……
あ!
私のセミナーに
お申し込みいただき
ありがとうございます
私は当セミナーを
主催している森本と
申します
たしかに申し
込んだけど……
これはどういう
こと？

お二人のアンケートを拝見したところ転職活動が失敗続きで切羽詰まった状況だとか
そうですけど…それがどうしてこんな…
当セミナーは受講生の皆さんが転職を100%成功できるよう特殊な方法をとらせていただいています
特殊な方法?
脱出ゲームをご存知ですか?
カギ発見!
…知ってますけど
その出口には鍵がかかっていてキーを手に入れないと出ることはできません
私たちにどうしろと…

これからお二人に
このモニターに映し出される
5つの物語を
観賞していただきます
自己分析
書類作成
企業研究
内定後
面接
その物語のなかで展開する
ケーススタディを成功に
導くことができれば
キーをゲットできます
成功！
GET!!
見事5つのキーを
獲得できれば
脱出成功となります
それと転職に何か
関係あるんですか？
5つの物語にはそれぞれ
転職の成功に欠かせない
要素が含まれています
つまりこれをクリア
できればお二人は
転職成功のメソッドを
獲得したと言えるのです

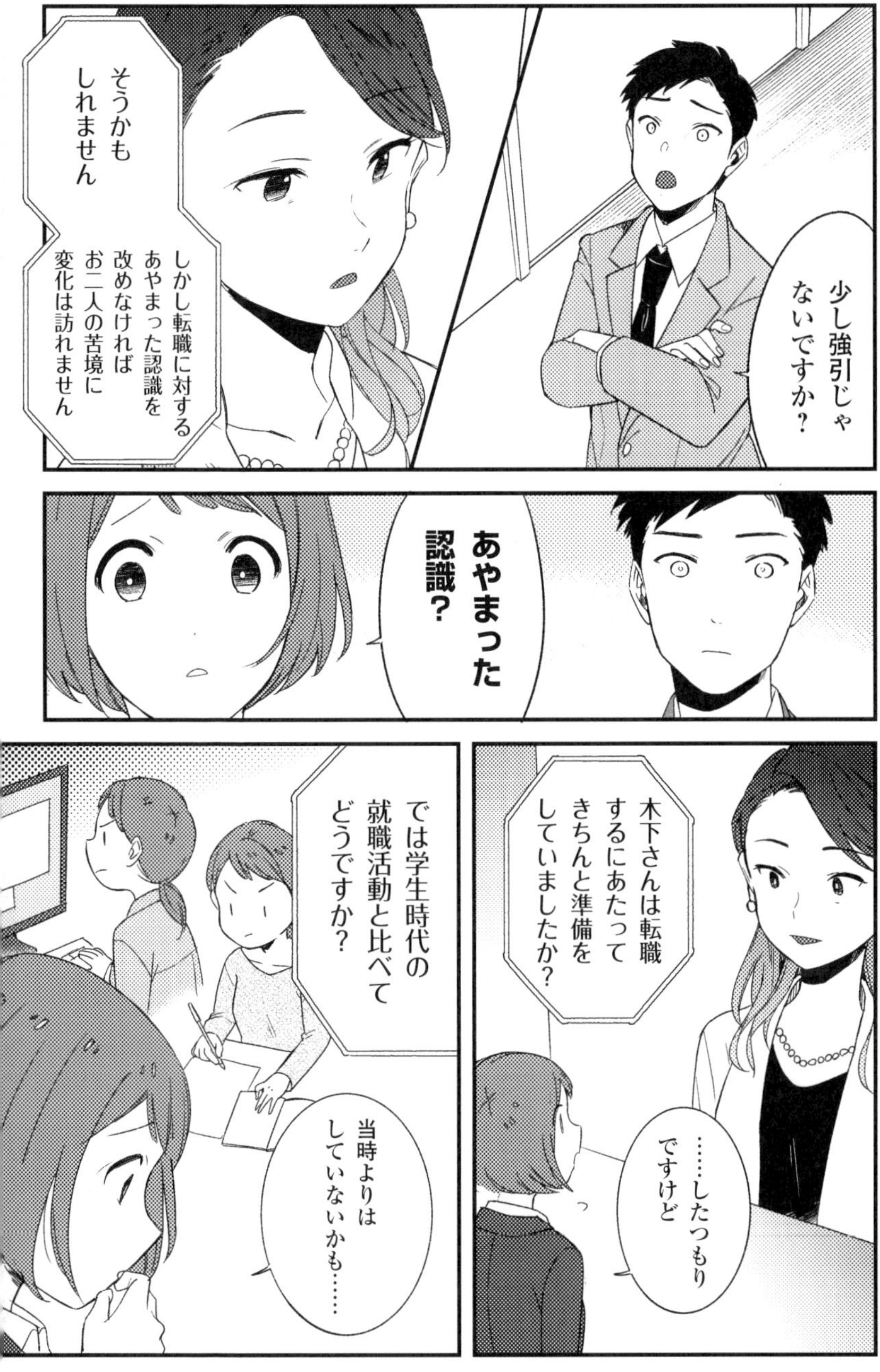
少し強引じゃないですか？
そうかもしれません
しかし転職に対するあやまった認識を改めなければお二人の苦境に変化は訪れません
あやまった認識？
木下さんは転職するにあたってきちんと準備をしていましたか？
……したつもりですけど
では学生時代の就職活動と比べてどうですか？
当時よりはしていないかも……

実績があるんだから学生のときとはちがうんじゃないですか？
確かに新卒の就活と転職は異なります
しかしだからこそ転職ならではの成功させるコツがあるんです！
転職ならではのコツ…？
それらを確実にマスターしていただき皆さんをハッピーな転職へと導くのが当セミナー「転職虎の穴」の目的です
内定
内定
わーい!!

どうです？
受講を続けますか？
それともここで
リタイアして
内定がもらえない
状況を続けますか？
ん〜〜〜
そこまで言うなら
やりますよ
その自信に見合う
メソッドが
あるんでしょうね？
もちろんです
私も
やります！
受講料
払っちゃったし…
ありがとう
ございます
では「転職虎の穴」の
講義をスタートします！

はじめに

こんにちは。株式会社ｍｏｒｉｃｈの森本千賀子です。本書に興味をもっていただき、ありがとうございます。

私は新卒でリクルート人材センター（現・リクルートキャリア）に入社して以来25年にわたり、〝企業の中途採用支援〟や〝ビジネスパーソンのキャリア支援〟など「転職」に関わってきました。入社したころは、**転職が「特別な人の特別な手段」**という時代だったため、非常にマイノリティな職業でした。（本編でも触れていますが）現在では多くの〝転職エージェント〟仲間が増えましたが、そのなかでもかなり古株だと思います。当時、職業として「転職エージェント」を選ぶ人は珍しく、親会社の株式会社リクルートではなく、あえて子会社に入社したことを周囲からも不思議がられていたのが、懐かしい思い出です。

その後、ＩＴ技術の革新や少子高齢化による国内マーケットの縮小など、めまぐるしい変化が起こった時代を経て、日本の雇用環境は劇的に変わりました。昭和期から続く、長期就労を前提とし、社員のエンゲージメントを高めていた「終身雇用」「年功序列」「企業別労働組合」という日本型雇用の〝三種の神器〟は崩れかかり、企業が主導して社員の経歴を描く時代は終わりつつあります。日々触れ合う求職者の意識も、「どうしても我慢できない不満があって……」という人よりも、「自分のやりたいことを実現したい」「自分らしいはたらき方がしたい」という人が増えている印象があります。現在では、転職は、社会人が人生を歩むうえでの1つの選択肢となっており、**自らのキャリアを、自らの意思でデザインできる時代**になりつつあるのです。

　本書には、これまでのべ２０００人以上の転職のサポートをするなかで得られた、転職を成功させるためのエッセンスを**「転職活動の新常識」「自己分析メソッド」「企業研究のアプローチ」「書類作成の極意」「面接の心得」「内定後のタスク」**という6つのステージにまとめました。マンガに登場する、転職に立ち向かう木下さんや中村さんと一緒に、内定獲得までのステップを1つずつ乗り越え、伴走者として転職を成功させる一助になれば、こんなにうれしいことはありません。さあ、一緒にスタートしましょう。

森本　千賀子

STAGE 1
知っておくべき転職活動の新常識
転職に必要なのは、「覚悟」！

STAGE 2
成功に導く自己分析メソッド
本当の自分を見つけよう！

STAGE 3

ニーズを探る 企業研究のアプローチ

本当の意味で必要な人材とは⁉

STAGE 4

自分を売り込む 書類作成の極意

企業への恋文と理解せよ！

STAGE 5

企業と自分の理解を深める 面接の心得

面接官を自分の〝ファン〟にせよ！

STAGE 6

円満に退社をするために 内定後のタスク

転職人、あとをにごさず！

STAGE 1

NEW COMMON SENSE

知っておくべき転職活動の新常識

転職に必要なのは、「覚悟」！

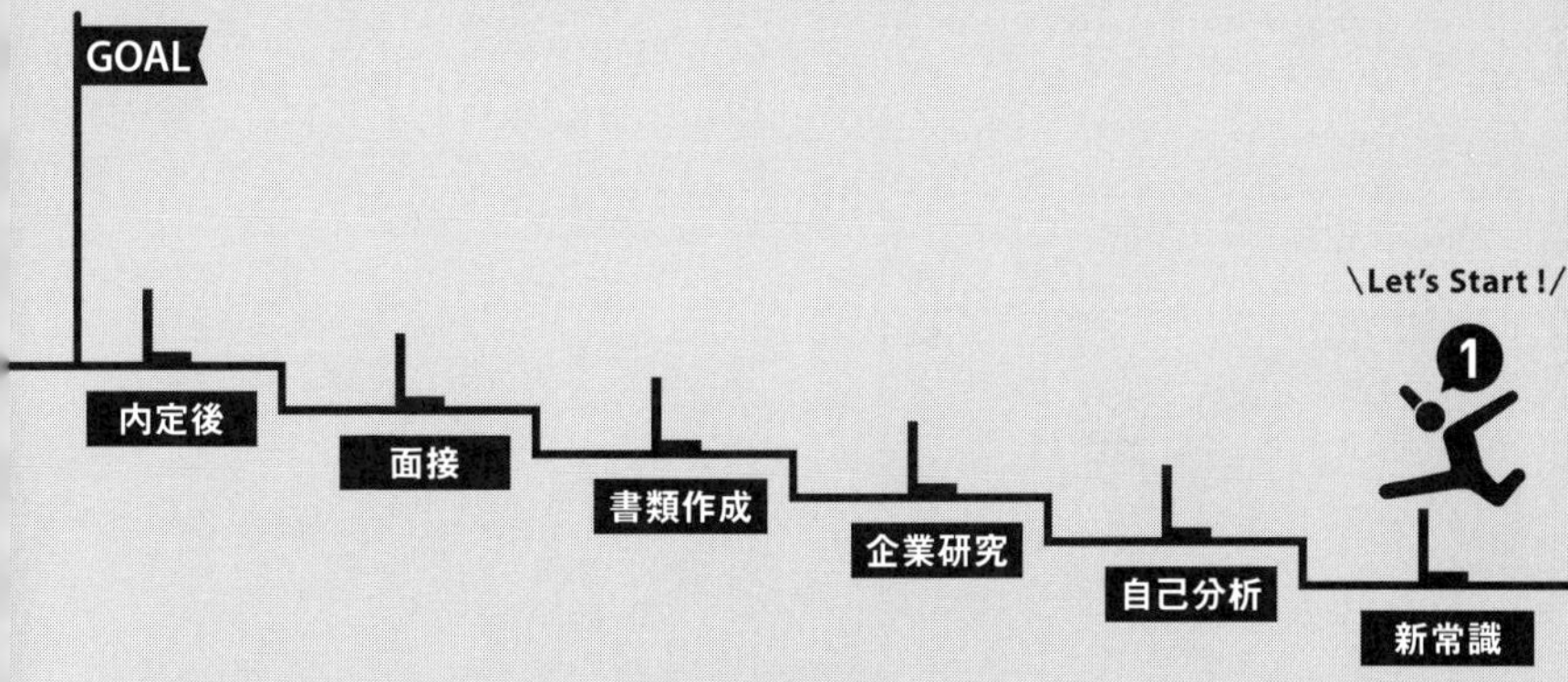

「転職エージェント」に「転職市場の動き」……
ここ数年で大きく変わった転職活動に関する
新常識を知っておきましょう。

まずケーススタディに入る前に転職について前提として知っておいてほしいことをお話しします
お二人はなぜ転職をしたいのですか?正直にお答えください
え～と…私はいま総務の仕事をしているんですが部署自体が小さいんですなのに上司と相性が悪くて……
壁
相談できる相手もいないし人間関係に疲れてしまってこの状況から抜け出したいと思ったからです
NO
A
A
B
C
D
E
僕……私の場合は1つの商材を販売するだけでなく幅広い提案をするほうが自分の価値が上がると思ったんですよね

お二人とも転職すれば現在の問題が解決できると思ったわけですね
そうです
確かに転職には皆さんが考えているようにやりたい仕事ができる役職が上がる給料がアップする人間関係などの職場環境が向上するなどのメリットはあります
STEP UP
やりがい
和気あいあい
じゃないと転職する意味がないですから
でも一方で転職にはデメリットもあることを忘れてはいけません
デメリットがあるんですか?

例えば木下さんのように合わない上司から離れるために転職したとして
転職先にもっと合わない上司がいるかもしれません
う、最悪…
中村さんの場合でも転職したからといってやりたい仕事ができるとは限りません
むしろ給料が下がる可能性もありますし希望の職種につけないこともあります
ゲッソリ…
そんなこと考えてたら転職できないじゃないですか
おっしゃる通りです転職にリスクはつきもの
きちんとデメリットにも目を向け
それだけのリスクをとってでも転職する覚悟が必要になります
覚悟……

もし覚悟が決まらず
迷っている段階であれば
まず現在の職場で
不満要素を改善できる
方法はないか探ってみる
ことが先です
木下さんなら部署の
異動はできないか
welcome
なるほど…
中村さんなら
条件交渉をしてみる
のもいいでしょう
A B C D E
あらゆる可能性を
考えたうえで
やはり現在の職場では
無理だと結論に至れば
C案
B案
A案
転職
おのずと覚悟は
決まるはずです
……
ギス
ギス
社風っていうか
部署を異動しても
変わらない
気がするな
社風が合わないなら
転職したほうが
よいでしょうね

私もどうせ交渉しても無理な気がするけど……どうだろう？
一人で悩むなら転職エージェントに相談してみるのも手です
転職エージェント？
職業や能力開発に関する相談を請け負う専門職です
キャリアコンサルタントとも言いますが平成28年から国家資格になったんです
職業紹介事業者数はなんと2万社を超え、セブンイレブンの店舗数と同程度の数になっているので
相当数の転職エージェントがいるはずです探してみるといいと思います
そんなにいるんですね知らなかったな
ちなみに私の肩書きも転職エージェントです

例えば中村さん
奥さんは転職に賛成して
くれてますか？
いえ……話してないです
内定が決まってからで
よいかなと
収入が安定してないと
反対されそうで
現在の安定収入を
守ろうと
転職に反対する妻
俗に言う
「嫁ブロック」
ですね
嫁ブロック!!!
嫁
身内に相談しづらい
場合にも
コンサルタントなら
気軽に相談できる
利点もあるんです
なるほど
このように
いろいろな可能性を
模索して
転職する覚悟を決める
つまり「後悔しない」のが
転職活動をするにあたって
一番大切なことなんです

1 新常識 1

まだ決めたわけじゃないけれど、転職が頭に浮かんだら……

まずは転職のデメリットを受け入れることから始めよう

「転職したいけど、本当にいいのかな……」。本書を手に取った人のなかには、転職をするべきかまだ迷っている人も多いでしょう。**転職はその後の人生に大きな影響をあたえるので、よほど決定的な理由がない限り簡単には決断できない**のも当然です。まずは転職を迷っている人が、迷いを解消するにはどうするべきなのか、そもそも転職すべきなのかを考えてみましょう。すでに転職を決意している人も、もう一度考えてみてください。

転職を意識するきっかけとしてもっとも多いのが、「職場にどうしても苦手な人がいる」といった人間関係の悩み。でも、転職をした新しい職場にはもっと苦手な人がいる可能性もゼロではありません。転職した途端に転勤を命じられたり、取り組みたかった業務そのものがなくなってしまったりというリスクもあります。これらは、企業を調べても、外部の人間が事前に知ることは難しいでしょう。また、転職することで、現在の会社で経験できるキャリアを捨て

▶転職のデメリットの例

- 人間関係が現在よりも悪くなる
- 手取り収入が減る
- スキル、経験が役立たない
- 突然、転勤の辞令を受ける
- 設備やシステムが不便になる
- 正しく自分を評価してもらえない
- 志望する業務自体がなくなる

↓ 覚悟がなければ

現在の会社でもできること

- 他部署などを含む信頼できる上司や上層部と相談できないか
- 他部署へ異動することで、自分が希望する仕事ができないか
- 自分の志望する仕事を新規事業として立ち上げられないか

ることになるという側面もあります。……といったように、「転職すれば、すべてがうまくいく」ことはありません。**転職には、デメリットがあり、それを完全にゼロにすることはできないもの**なのです。ですから、まずは**デメリットがある可能性を〝覚悟する〟**ことが重要です。転職のデメリットの例を上にあげていますので、考えてみてください。まずは、現在の会社でもできることがないか検討したうえで、**デメリットを受け入れてでも、新しいステージではたらくことをあきらめきれないなら、転職を考えましょう**。

また、転職に迷う理由として、「自分のキャリアでは、内定をもらえないのではないか」と考える人も多いようです。ステージ2の自

己分析（Ｐ41〜）で紹介しますが、自らのキャリアはどうしても過小評価してしまいがちです。

しかし、**いまはたらいている企業では評価されないスキルでも、異なる企業では高く評価されるというケースは転職において非常によくあること**です。また、**内定が得られるかどうかは、本人の能力もありますが、むしろ「企業が人材を求める需要」と「転職希望者がどのくらいいるのかという供給」のバランスが重要**です。企業に人材ニーズが発生したタイミングで応募すれば、ニーズを満たせば採用されますし、反対に、優秀であってもニーズがなければ採用されません。ですから、転職のデメリットを覚悟できているのに、自分のキャリアやスキルへの不安から転職に迷っている人は、あまり気にする必要はないでしょう。

また、**転職をするか迷っている人におすすめなのが、転職エージェントに相談をしてみること**。転職エージェントについてはＰ88で詳しく紹介しますが、企業と転職希望者をマッチングするサービスをする転職のプロ。「転職するか迷っている」という人でも、「状況」や「スキル」「ニーズがあるかどうか」などについて客観的にアドバイスをくれます。１人で悩んでいるよりも、誰かに相談すると思考が整理されることもあるので、気軽に相談してみましょう。

最後に、自分が転職する覚悟ができているか、セルフチェックを用意したので、迷っている人はぜひ取り組んでみてください。

▶転職の覚悟セルフチェック

□現在の会社を辞めてから転職活動をする場合、
その期間は生活できる経済的な蓄えがある

□現在の会社を辞めずに転職活動をする場合、
業務に不備がないように転職活動ができる

□転職にはメリットだけでなく、
デメリットもあることを理解している

□十分なキャリアがあっても、そのキャリアを必要とする
企業がなければ、転職活動が難航することを理解している

□転職した企業に、現在よりも合わない上司や同僚、
年下の上司のいる可能性があることを理解している

□転職した企業で、実績や人間関係を
ゼロからつくらなければならないことを理解している

□転職によって、現在の会社で有利なキャリアを積む選択を
捨てることになると理解している

□現在の会社を短期間で辞める場合、転職活動においては
ハンディキャップになることを理解している

□軽い気持ちでなんとなく転職すると、
またすぐに辞めたくなってしまうことを理解している

□これまでに転職活動に成功した経験があっても、
今回もうまくいくとは限らないことを理解している

チェック4個以下…まずは覚悟を固めよう
チェック8個以上…転職の準備OK！

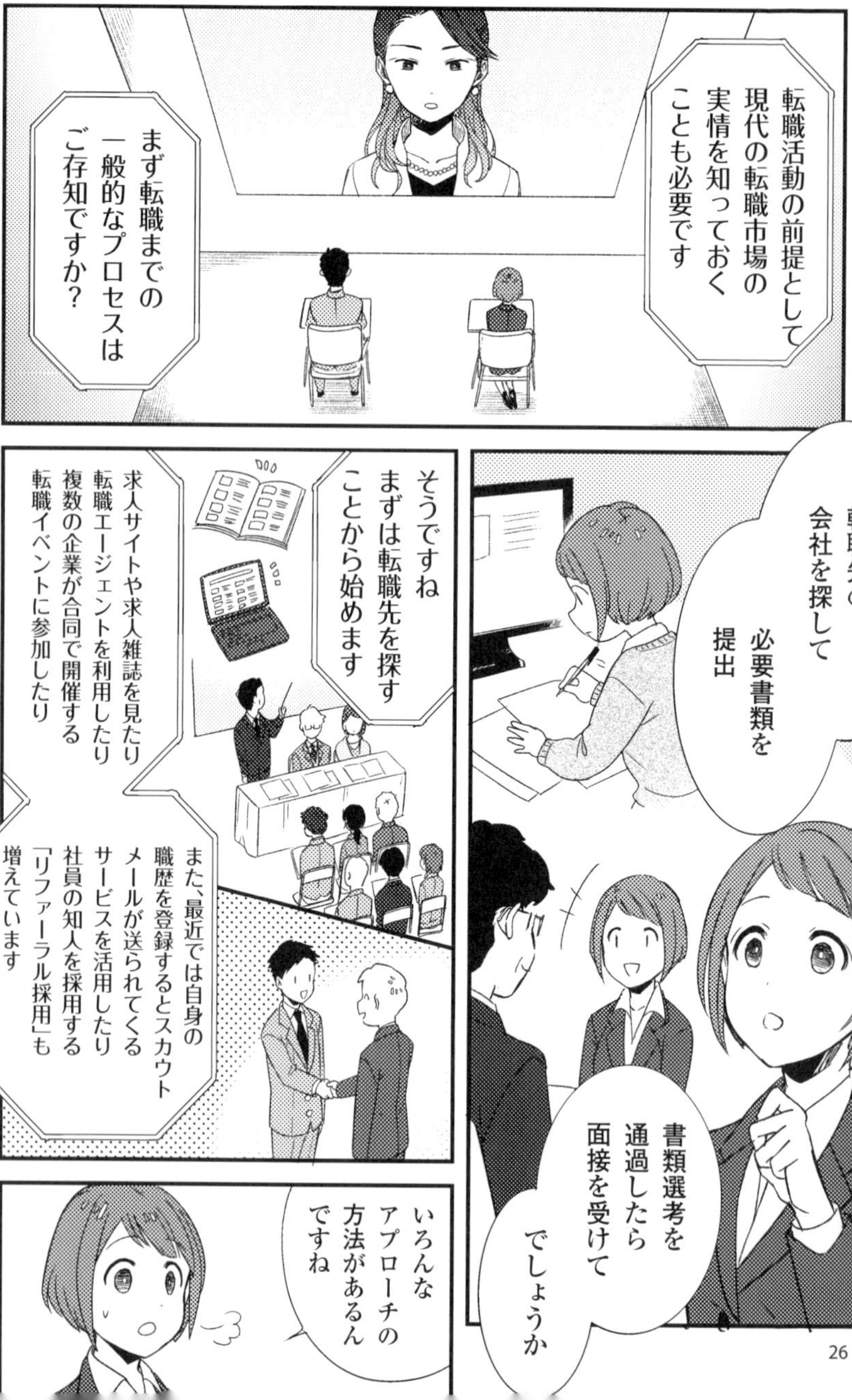
転職活動の前提として現代の転職市場の実情を知っておくことも必要です
まず転職までの一般的なプロセスはご存知ですか？
転職先の会社を探して
必要書類を提出
書類選考を通過したら面接を受けて
でしょうか
そうですね まずは転職先を探すことから始めます
求人サイトや求人雑誌を見たり転職エージェントを利用したり複数の企業が合同で開催する転職イベントに参加したり
また、最近では自身の職歴を登録するとスカウトメールが送られてくるサービスを活用したり社員の知人を採用する「リファーラル採用」も増えています
いろんなアプローチの方法があるんですね

また在職中に転職活動を始めるスタイルと退職後にはじめるスタイルという2つのやり方があります
転職
転職
退職
お二人は在職のまま転職先を選択していますね
収入がなくなると生活に困るので
おっしゃる通りです在職中の転職活動は活動中も収入が途切れないというメリットがありますが
一方で面接などの時間の都合がつけにくいというデメリットがあります
5 MAY
有休
ほかにも退職までに一定の期間が必要になるため「○日までに入社してほしい」という場合は
条件面で不利になる場合もあるのです
来週から!
NO!
そうですね私も入社可能時期で落とされたことがあります

その点、退職してから就職先を探す場合は時間的な制約が少ないメリットがあります
SCHEDULE
通帳
しかしその間収入がなくなるのでできるだけ早く就職先を見つけなければならないと焦りを感じてしまうかもしれません
求職期間が長くなると現場感も薄れるので半年以内に内定を取りたいところですね
私たちはそのあたりのリスクはないのでじっくり探したいと思います
とはいえあまり長く転職活動を続けるのも好ましくありません
目安としては3カ月～半年でしょう
たしかにあまりズルズル長引かせてもモチベーションの維持が大変ですもんね
あとは時期や企業規模のちがいによって転職市場に変化があることも知っておかないといけません
時期や規模？

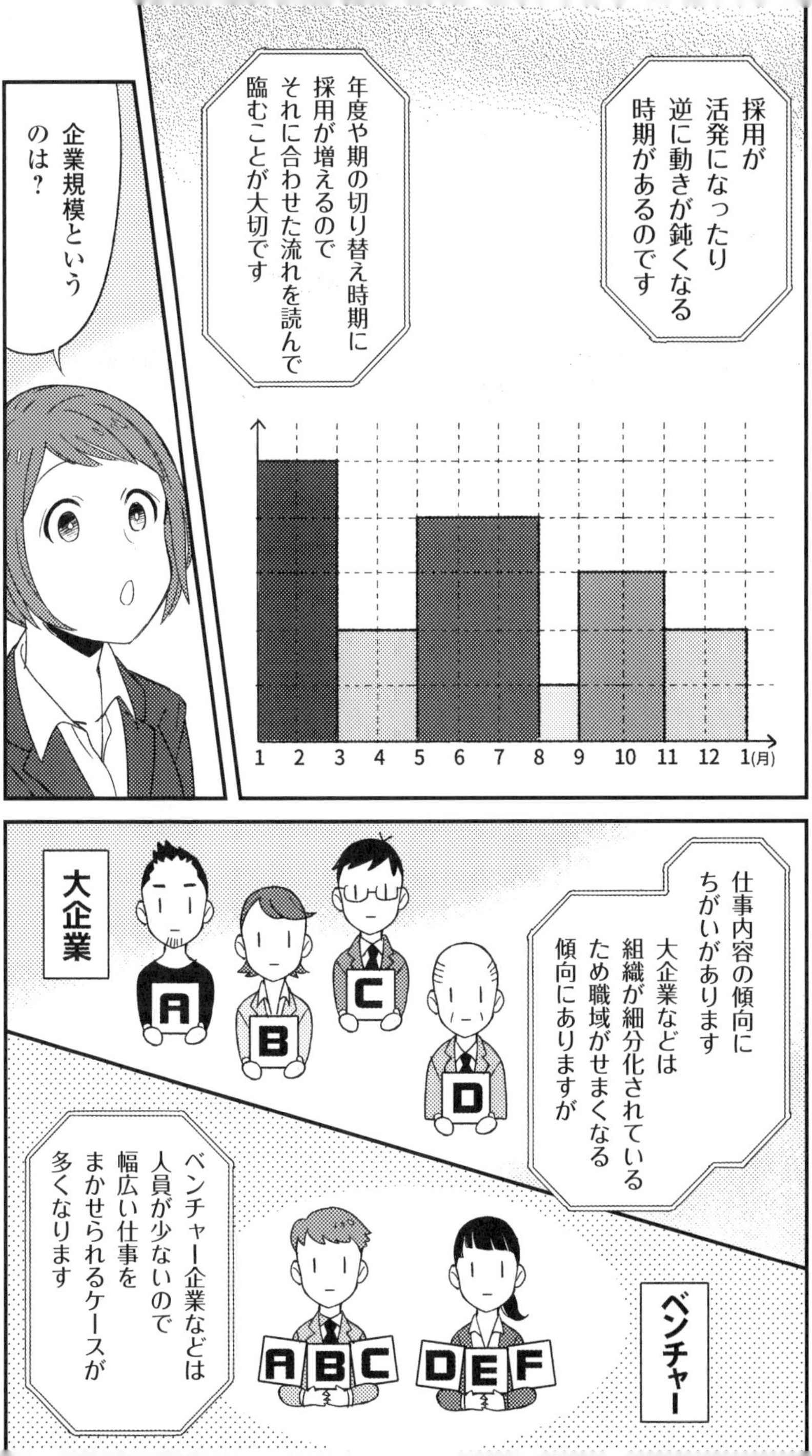

採用が活発になったり逆に動きが鈍くなる時期があるのです
年度や期の切り替え時期に採用が増えるのでそれに合わせた流れを読んで臨むことが大切です
1 2 3 4 5 6 7 8 9 10 11 12 1(月)
企業規模というのは？
仕事内容の傾向にちがいがあります
大企業などは組織が細分化されているため職域がせまくなる傾向にありますが
大企業
A
B
C
D
ベンチャー
ベンチャー企業などは人員が少ないので幅広い仕事をまかせられるケースが多くなります
ABC
DEF

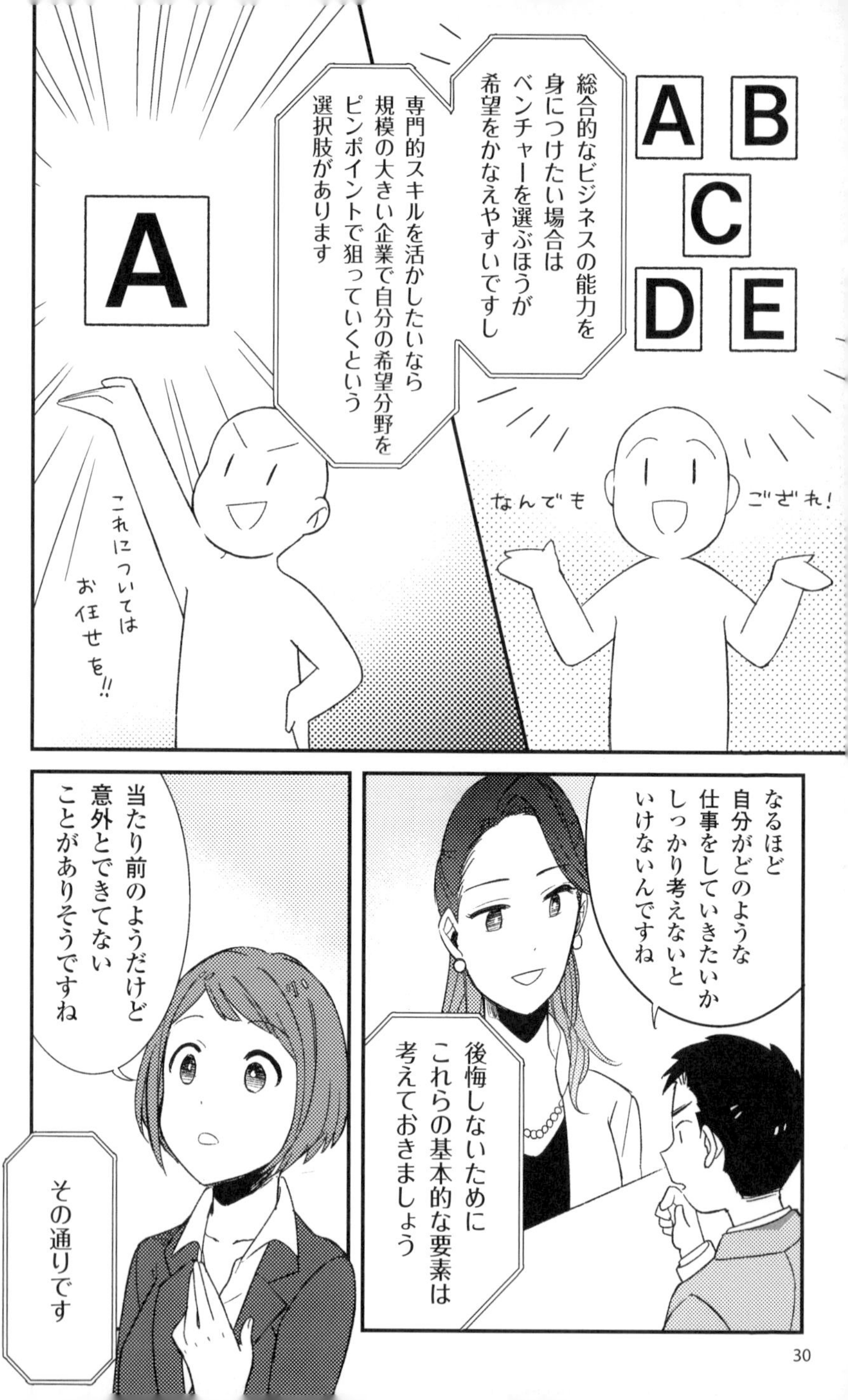
A
B
C
D
E
総合的なビジネスの能力を身につけたい場合はベンチャーを選ぶほうが希望をかなえやすいですし
なんでもござれ!
専門的スキルを活かしたいなら規模の大きい企業で自分の希望分野をピンポイントで狙っていくという選択肢があります
A
これについてはお任せを!!
なるほど自分がどのような仕事をしていきたいかしっかり考えないといけないんですね
後悔しないためにこれらの基本的な要素は考えておきましょう
当たり前のようだけど意外とできてないことがありそうですね
その通りです

では前提の知識を理解していただいたところで5つの物語に入りましょう
それぞれのケースで選択を求められますので成功に導けるよう回答してください
自己分析
企業研究
面接
書類作成
いよいよか
がんばりましょう!

1 新常識
2

転職するなら知っておくべき“進め方”と“流れ”

▼転職活動は、仕事を辞めて専念するべき？　はたらきながらやるべき？

転職活動の進め方としては、大きく分けて、**①「現在の仕事を続けたまま転職活動をする」**、もしくは、**②「現在の仕事を辞めてから転職活動をする」**、という2つのスタイルがあり、それぞれにメリットとデメリットがあります。

①「現在の仕事を続けたまま転職活動をする」場合、経済的な心配がなく、また、ビジネスの最前線にいるため、業界の動向などの最新の情報に触れていられるというのがメリットです。また、現状の職場に大きな不満がある場合、転職に対するモチベーションを維持しやすいのもメリットといえます。一方で不満が少ないと、収入があるためついつい先延ばしにしてしまうのはデメリットの1つ。また、普段は仕事があるため準備の時間が取れなかったり、志望企業の要望に対応しにくかったりなど、時間が取りづらいのもデメリットでしょう。ポイントとしては、**通勤中など空いた時間を利用することや、ダラダラとしないよう具体的なスケ**

▶転職活動の2つのスタイル

スタイル①

はたらきながら

メリット&デメリット

・現場にいなければわからない情報が入手できる
・日程の調整ができず、チャンスを逃す可能性がある
・収入があるため、ついつい先延ばしにしてしまう

スタイル②

会社を辞めてから

メリット&デメリット

・早く入社できる人が欲しいという「急募求人」に有利
・なかなか内定が出ないと焦りが生じ、妥協してしまう
・離職期間が1年以上になると、企業の印象が悪くなる

ジュールを立ててから取り組むのがおすすめです。①の場合、採用が決まるまでには3カ月～半年ぐらいかかる人が多いようです。

②「現在の仕事を辞めてから転職活動をする」ことの最大のメリットは時間が取れること。じっくりと情報収集や書類作成などができたり、資格取得などの勉強をする時間が取れたり、企業から指定された日程にすぐに合わせられたりと、時間的な融通がききます。さらに〝急募〟の募集に対応できることや、あとがないため熱意が伝わりやすいことなどもメリットでしょう。デメリットとしては、経済的な問題です。長引くほど負担が多くなるため、焦りから妥協をしてしまう人は多い

です。また、ビジネスの変化の激しい昨今は、離職期間が半年～1年以上あると、それだけで「現場感覚が失われている」と判断されてしまうこともあります。

成功させるポイントとしては、自己分析や企業研究など、転職に必要なステップをできる限り早めにおこない、複数企業に同時に応募し、並行して選考を進めるなど**早期に転職活動を終わらせること**でしょう。

転職のスケジュールを立てるためにも、一般的な転職活動の流れを理解しておきましょう。まずは、外部にアクションを起こす前に、**「自己分析（P41～）」**で自分を見つめ直し、転職において「自分が何を実現したいのか」「自分の強み」などを整理します。目指すべき方向性がある程度定まったら、求人情報を集めながら、企業の人材ニーズを探る**「企業研究（P79～）」**に取り組みましょう。企業にアピールするポイントや志望動機が固まったら、履歴書と職務経歴書の**「書類作成（P105～）」**をして実際に「応募」。書類選考を通過すれば、数回にわたって**「面接（P147～）」**をし、内定を獲得という流れになります。**「内定後（P183～）」**にも「引き継ぎ」「あいさつ」などやるべきことがあります。スケジュールのポイントとしては、なるべく閑散期に退職するなど、辞めても影響が少ない時期をゴールに設定し、そこから逆算していくのがおすすめです。

▶転職活動の基本的な流れ

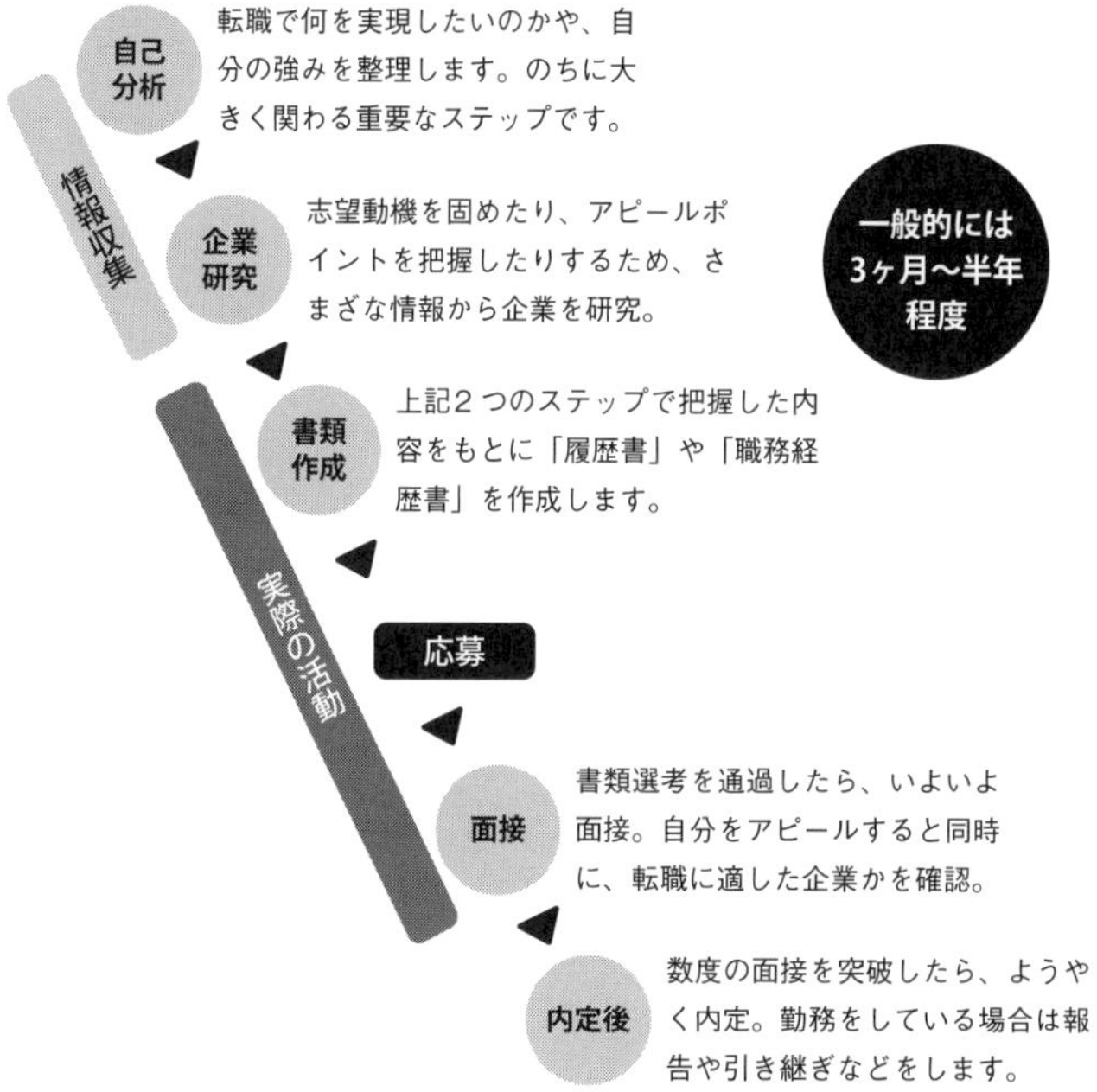

インターネットで募集をすることが一般的な**現在の転職マーケットで大事なのが「スピード感」**です。人気企業の求人は、あっという間に大量の応募が集まり、受け付けが打ち切られてしまいます。気になる求人があればすぐに応募できるよう早めに準備を進めるようにしましょう。また、人手が不足している企業などでは、入社時期が早いほうが選ばれるケースもあります。素早く柔軟な対応も転職を成功させるコツなのです。

1 新常識
3

転職にも"旬"がある!? 1年を通じた中途採用市場の動き

▼時期や地域を考えると、転職の選択肢が広がるかも

中途採用市場は、求人数が増え活況になる時期や、求人数が減り落ち着く時期など、**1年を通じて動きがある**のを知っていますか? 一般的に転職活動は自分のタイミングでおこなうものですが、求人数が増える時期を狙って転職活動をすれば、選択肢の広がる可能性があります。ただし、絶対的なものではなく大まかな傾向であり、景気の動向などによっても左右されるので、あくまで目安として考えてください。

1月から3月初旬は、1年でもっとも求人が増える時期です。4月からの新年度に向けた体制を考えた求人が多く、企業からしても4月1日入社にさせることで、新卒の新入社員と同時に研修をおこなえるというメリットがあります。

3月下旬から5月のゴールデンウィーク前あたりまでの時期は、次年度の新卒の採用に集中する大手企業が多く、中途採用は落ち着く傾向にあります。しかし、大手の中途採用が下火に

▶中途採用市場の１年の動き

1月〜3月

1年でもっとも活況！
まさに転職の旬

4月1日入社には同期が多い、年度初めでスタートを切りやすいなどのメリットが。

Ⓐ 3月

Ⓑ **4月〜5月**

メインは新卒採用
中途はいったん下火に

特に大量に新卒採用をする大手は中途をストップ。中小などは継続している企業も。

Ⓐ **6月〜7月**

転職求人は増加！
2番目の転職の旬

前年度決算を踏まえた事業計画が定まり、採用活発に。大量採用案件も増えます。

Ⓑ **8月〜9月**

夏休みの時期は
採用活動は停滞

夏休みを取る人が多く選考は停滞しがち。ただし、下半期に向け、新規案件もチラホラ。

10月〜11月

下半期を支える
人材ニーズが発生

上半期の業績から下半期の事業戦略が決定。戦略に必要な人材ニーズが発生。

ⒷⒶ **12月**

来年を見越した
求人募集がスタート

年末年始の休日があるため、求人が停滞。4月1日入社の求人が出てきます。

▶年間求人数の傾向グラフ

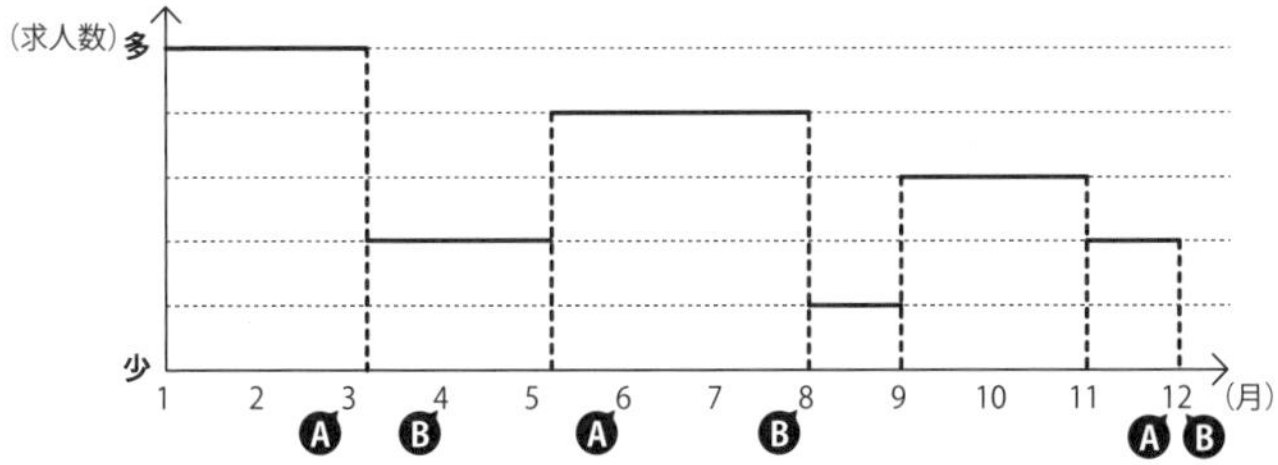

Ⓐの月は、
ピンポイントの求人が発生

退職者が増加する時期のため、高度な採用条件のある専門職を応募する企業が発生します。

Ⓑの月は、
転職のライバルが少ない！

転職活動をする人が少ない時期。ライバルが少ないなかで応募をしておくと、有利になる可能性が！

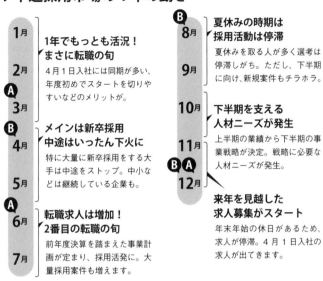

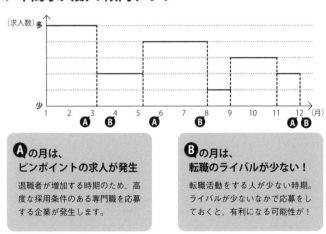

なるこの時期をチャンスととらえ、熱心に採用活動をおこなう中小企業もあります。

5月下旬から7月いっぱいは1月から3月初旬に続いて、中途採用の求人数が増える時期です。とはいえ、5月の最初の段階では求めていた人材でも、徐々に採用する人が決まっていくと選考が厳しくなっていく傾向があります。この時期は早めに応募したほうが有利でしょう。

8月は夏休みがあるため採用は停滞しがちですが、下半期のスタートに向け、**9月から10月は下半期の事業戦略に沿った人材ニーズが発生**します。また、10月には人事異動がおこなわれることが多く、人材が足りないポジションが判明し、単発的な求人も出てきます。

11月から12月は、年末年始の休暇を挟むため、求人は滞りがち。この時期の求人は、主に来年の4月1日入社を目指すものが多いでしょう。ちなみにここで紹介した求人は、主に若手から中堅、中間管理職くらいの求人であり、経営幹部や高度な専門職には当てはまりません。

時期以外にも、**都市部と地方という地域による求人のちがい**もあります。都市部の企業を志望する人が多いですが、地方にも優良企業はたくさんあります。そうした地方企業に目を向ければ、転職の選択肢が広がるかもしれません。というのも、人材の確保が難しい**地方では、都心部では当たり前のビジネス感覚などが評価される**ことがあり、特に経営層やマネジャーなどは、都市部でのビジネス経験者をターゲットにして採用活動をする企業もあるのです。

▶地方で転職活動をする際の注意点

＼注意 1／

家族などの身内には早めに相談

あとでトラブルにならないよう家族には早めに相談。想いや将来のビジョンまで伝えるのが大切です。

＼注意 2／

日程とお金は、しっかりと計画

転職活動以外にも下見や新居探しなどが必要です。また、交通費や引っ越し費用もかかるので、資金も準備しましょう。

＼注意 3／

自治体の支援制度を確認

就労支援や受託支援をしている地方自治体もあります。どんな制度があるか一度は確認しておきましょう。

また、都市部と地方では業務の面でもちがいがあり、都市部ではビジネスの規模が大きいため、業務が細分化され、個人の担当は、一連の流れのなかでごく一部となることが多いでしょう。しかし、**地方では規模感は小さくとも、始めから終わりまですべてをまかされるというケースもあり**、成長という意味では、業務の全体像をとらえる広い視点が身につきやすいのです。地方での就職を成功させるポイントを上記で紹介しています。特に注目は、地方自治体から大きなサポートを受けられること。地方での就職を検討している人は、ぜひ一度地方自治体の役所に相談してみてください。

COLUMN 1
森本先生の転職
ワンポイントアドバイス

パートナーや家族に 転職の気持ちをどう伝えるか

人生において大きな変化である転職は、家族やパートナーには言いづらいもの。「まだ話していないが、きっと理解してくれるだろう」「内定がもらえたら話そう」なんて思っている人は多いのではないでしょうか？

独身であれば、親などには事後承諾でもよいかもしれませんが、家族がいる場合は事前に了承を得ることは大切です。内定を得ても、「嫁・旦那ブロック」というパートナーの反対で断念することになるケースも実際にあります。

また、転職に反対ではなくても「一言相談してほしかった」という場合もあります。さらに、先に話しておけば活動中にも協力が得られたり、自分も「もうあとには引けない」と本腰を入れて取り組むことができます。

パートナーからの心配で多いのはやはり収入の変化です。やりがいやチャンスを求めて大企業から中小企業に移ろうとするような場合、不安になるのはもっともです。

その場合には自分の考えを正直に伝えて理解してもらうことです。「家族の将来のため」「今後の将来性を感じられる分野だから」「家族と過ごす時間を確保したい」など、自分の本音を誠実に伝えましょう。選考プロセスに入る前に、何より自分のパートナーや家族の理解を得て、応援してもらうことが転職活動の始まりです。

STAGE 2

SELF-ANALYSIS

成功に導く
自己分析
メソッド

本当の自分を見つけよう！

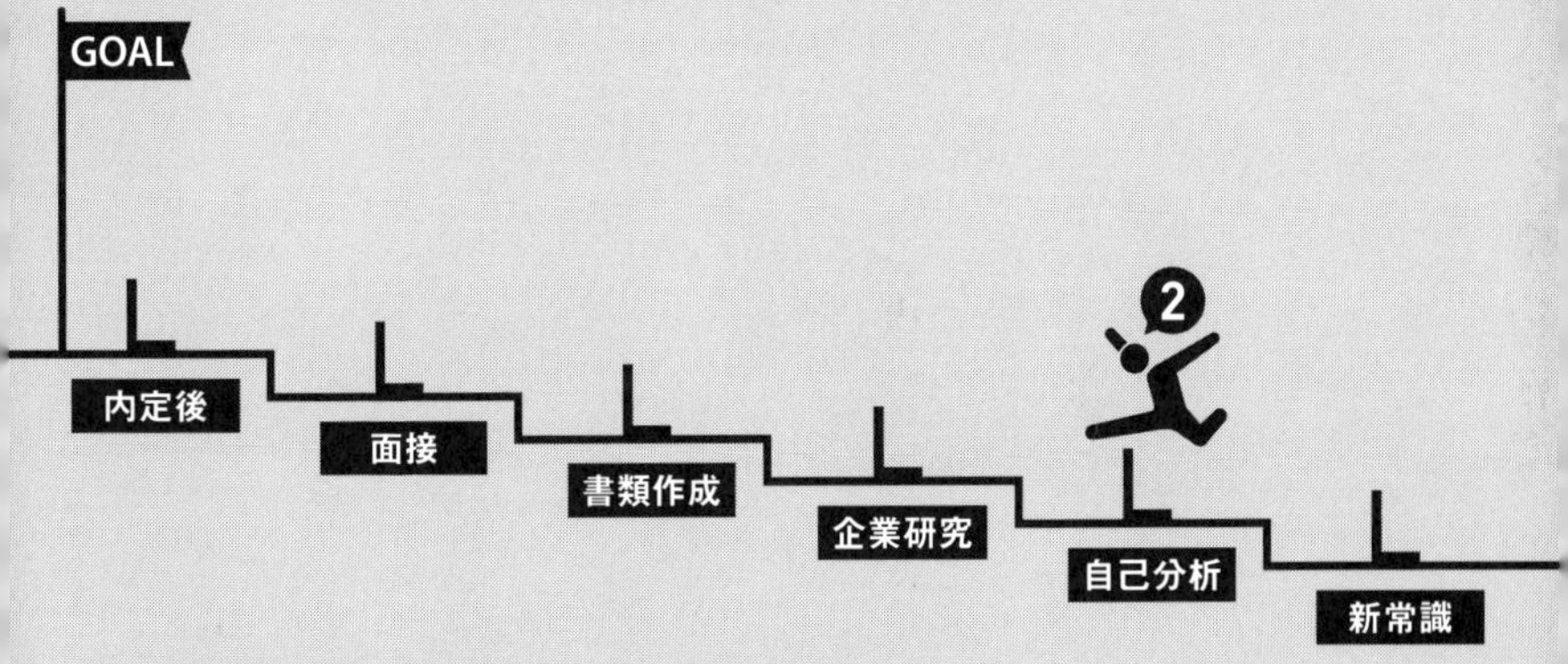

転職を成功させるためには欠かせない
自己分析。その後の活動に大きな影響を
あたえるとても重要なステップです。

2-1 意外と知らない自分のこと

弊社に入社した場合どのような貢献ができますか？
前職でプレイングマネージャーとして6名の営業チームを管理し売り上げを前年比１２０％残業を前年比90％にしたキャリアを活かし
売り上げと生産性の両面で貢献できると思います
これまでのキャリアで身につけた営業チームのマネジメントスキルを活かし
売り上げの向上を目指していきたいです
さて1つめの物語です
この二人のうちどちらを採用しますか？
私なら一人めかな
私も一人めを採用しますね
それはなぜでしょうか？

一人めのほうが
話が具体的というか
やりたいことが
明確に思えるので
なるほど
では
お二人が不採用にした
草場さんに注目して
物語の続きを
見てみましょう
はい
はい
そうですか……
わかりました
ご連絡いただき
ありがとう
ございました
お二人の予想通り
草場さんはこれまで
数十社受けていますが
不採用が続いています
しゅん…
他人事とは
思えないな
誰かに
相談すれば
いいのに
キッ
どうやら本人も
そう考えた
みたいですね
転職エージェントの登場です
面接で失敗続きの
草場さん
草場さんは
自己分析をしたことが
ありますか？
自己分析？

その様子だとやったことがないようですね
明確に自分がやりたいことを伝えられない場合は
まず最初に自分を見つめて分析・整理することが大切です
分析ってどういうことをすればいいのか……
転職活動で大切なのは
WILL CAN MUST
自己分析はこの3つの柱を軸に考えていくのが基本です
ウィル キャン マスト…？
転職エージェント
WILLとは
自分が何をやりたいのかということです
自分が何をしたいのか……
まずは仕事抜きで興味のあることや好きなことを考えると
自分がやりたいことの方向性や将来のビジョンを見出せます

2つめのCANとは自分にできること
これまでの職歴を振り返りまずは現在の自分にできるスキルを整理して
そこから他社でも活かせるスキルを見つけていきます
草場さんの場合はいかがですか?
私はずっと経理畑にいたので
売り上げ管理とか数字の管理はできると思います
ほかには?
ほかですか?
悩。
え～と……
自分でわからない場合は同僚や友人に自分のことを聞いてみると自分では気づかなかった得意なスキルが見つかると思います
ふむ
ふむ
なるほど

そして最後に
MUST
企業が求めている人材に対して自分がリンクする部分を探してみることです
求められる人材っていうのはどうやって知ることができるんですか？
どんな人材が求められているかは
募集要項や企業のサイトから自分なりに読み解くことが必要です
自分で読み解くんですか？
企業は何歳くらいのこういう女性が欲しいとか
具体的な募集人材を掲載することができません
とはいえ

なんとなく匂わせてはいるので
それを自分なりに読み解く必要があるんですよ
!!
明確なビジョンがないと面接官に自分の軸がないことが見抜かれてしまいます
へえ～
知りませんでした！
ゆえに
CAN・WILL・MUSTの3つの軸をもとに自己分析を
しっかりおこなうことが大切なんです

2 自己分析
1

転職活動において なぜ自己分析が必須なのか

▼自らに合った企業に転職するには、自分を深く知ることから

転職活動を始めるにあたり、まず取り組まなければならないのが自己分析。〝自分〟について深く掘り下げ、自らの思考を整理する作業です。新卒の就職活動では、多くの人が取り組んだことでしょう。しかし、転職活動となると「自分にはもうある程度のキャリアがあるから、わざわざしなくても大丈夫だろう」と考える人が多いようです。しかし、それは大きな間違いです。社会人としての経験を通し、「スキル」や「強み」はもちろん、**「価値観」や「志向」も知らず知らずのうちに大きく変化**しているので、転職活動をする際には、もう一度自分を見つめ直す作業が必要なのです。

また、どんな動機による転職でも、自己分析によって転職活動における自分の軸、例えば、「より興味のある業務に取り組みたい」「強みをもっと発揮できる環境ではたらきたい」「適切な評価を受けて給与を増やしたい」など**仕事において〝自分がもっとも実現したいこと〟を**

▶自己分析の目的

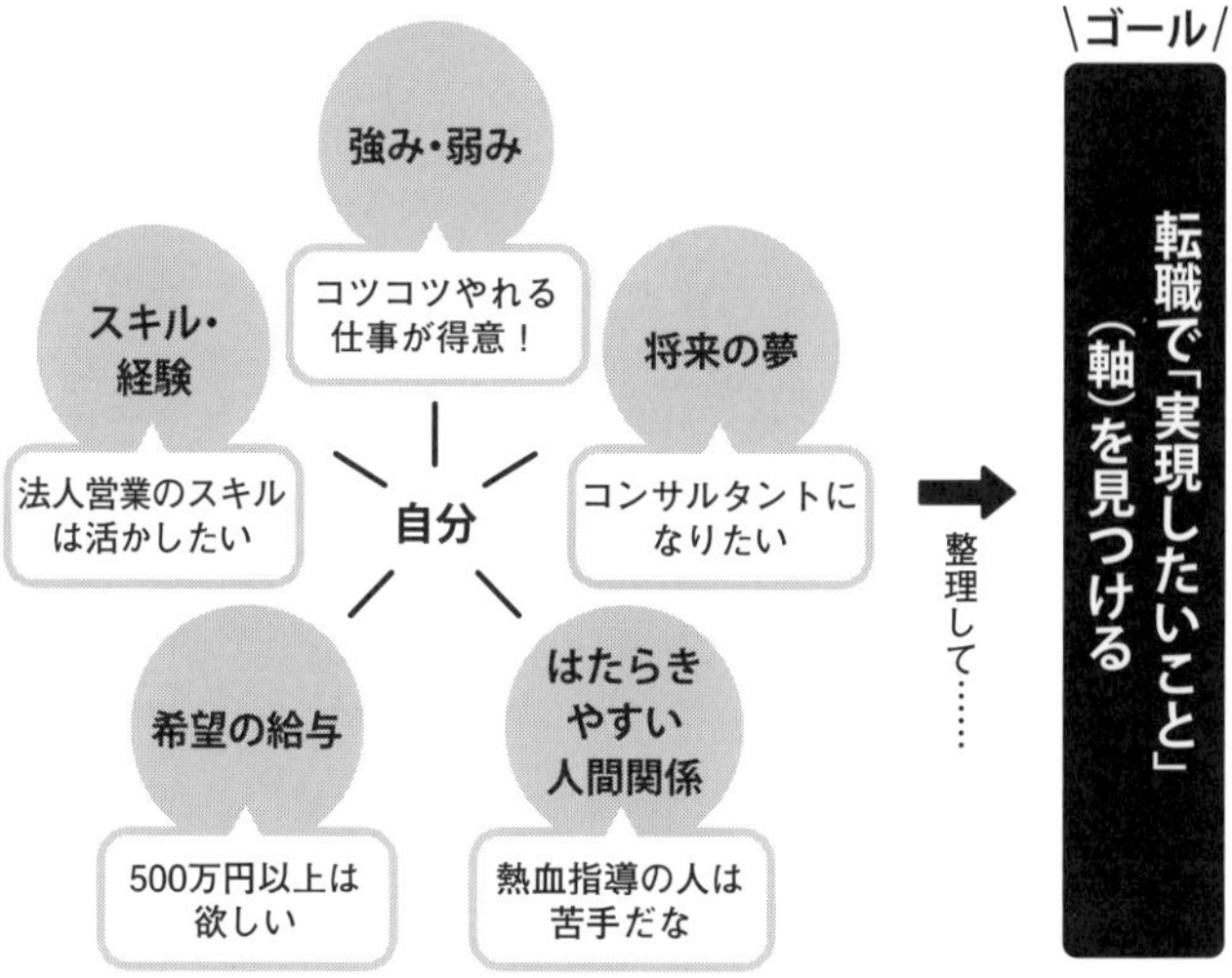

はっきりさせなければ、本当の意味で自分に合った企業ではたらくことは難しいのです。自己分析が不足していると、「自分が思い描いた職場と、何かちがう気がする……」という気持ちから、結果的にさらに転職を繰り返してしまうことにもなります。

もう一点、自己分析が欠かせない理由は、価値観を整理することで、あとでおこなう「書類作成」や「面接」で、自分の強みや志望動機を過不足なく伝えることができるようになるからです。志望企業に入社するチャンスを逃さないためにも、自己分析で、自分の強みを客観的に理解し、きちんとアピールできるようにしておきましょう。

2 自己分析
2

自己分析をするうえで重要な3つの要素

自分のなかにある「ＷＩＬＬ」「ＣＡＮ」「ＭＵＳＴ」を見つける

自己分析において重要なのが「ＷＩＬＬ」「ＣＡＮ」「ＭＵＳＴ」の3つの要素を考えること。**「ＷＩＬＬ」とは自分が意欲をもって取り組みたいという意思、「ＣＡＮ」とは自分のスキルや経験、「ＭＵＳＴ」とは企業のなかで果たすべき役割**を示しています。この3つの要素が重なり合った部分に、転職を成功に導くポイントが隠されているのです。

一般的に、転職活動では即戦力となる人材が求められるため「ＣＡＮ」のみを重視する転職希望者が多いのですが、意外と重要なのが「ＷＩＬＬ」。企業の担当者の気持ちを想像すればわかると思いますが、スキルばかりアピールし、「この会社に入社してこれを成し遂げたい」という意欲がない人は、「継続的な努力や成長が難しいのではないか」と判断されてしまうケースがあるのです。また、人材を募集している企業に必要な「ＭＵＳＴ」をきちんと把握しておかなければ、どんなに「ＷＩＬＬ」や「ＣＡＮ」をアピールしても的外れになり、採用されま

▶WILLとCANとMUSTの関係

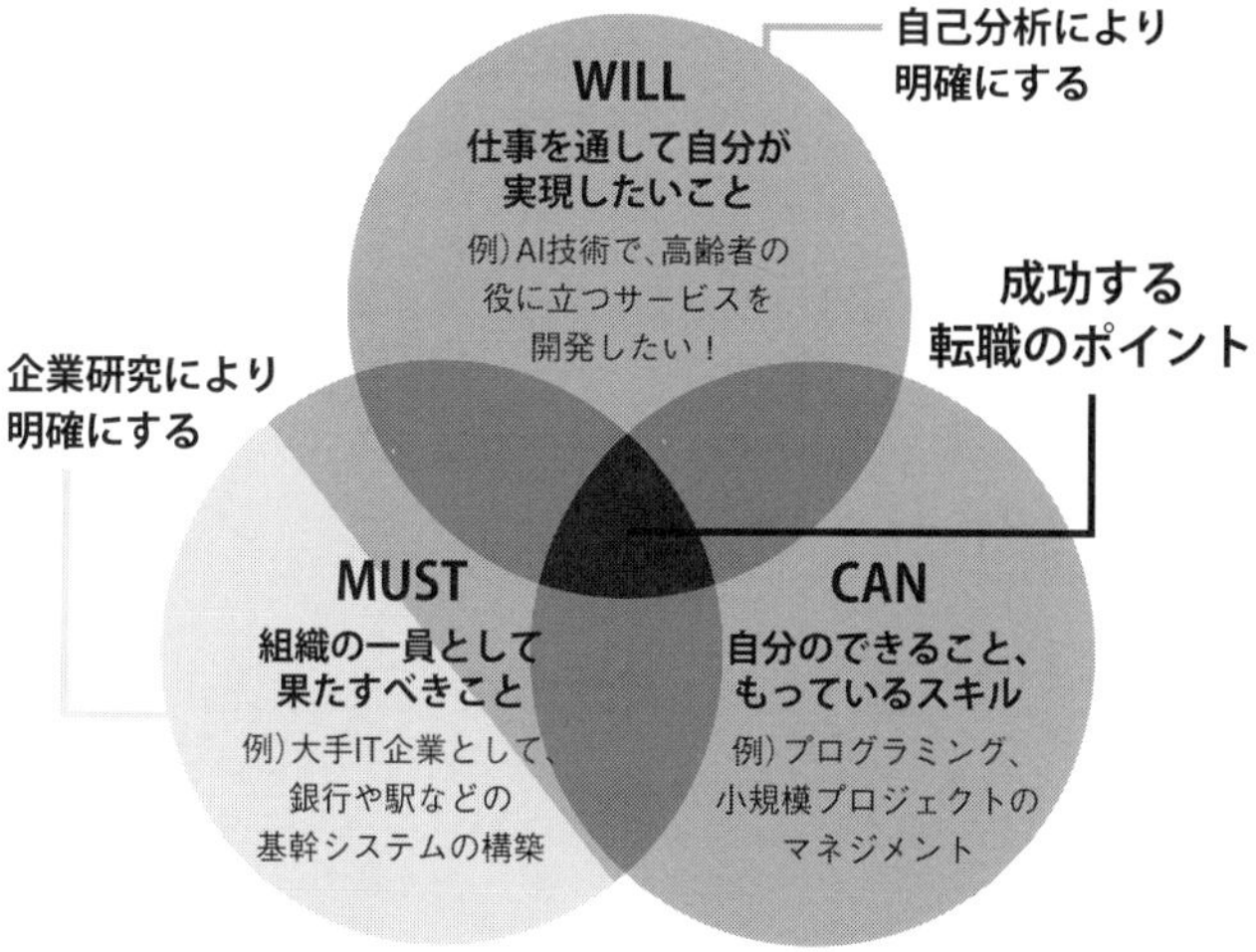

せん。つまり**「意欲のある業務（WILL）で、自分のスキルや経験を活かす（CAN）ことができ、企業からも必要とされる（MUST）」**仕事を見つけることが、成功する転職のポイントなのです。

ちなみに「MUST」に関しては、自分がどんな〝企業ステージ〟に適しているのか、自らのタイプを知る（詳しくはP68）という部分は「自己分析」によって理解し、希望する企業がどのような人材を求めているのかは「企業研究（詳しくはP79〜）」によって、把握するものになります。次ページから「WILL」「CAN」「MUST」を掘り下げ、整理する方法を学んでいきましょう。

2 自己分析
3

自己分析 STEP1

キャリアレビューシートをつくる

▼キャリアのなかで、3つの時期を重点的に振り返る

自らの「ＷＩＬＬ」「ＣＡＮ」「ＭＵＳＴ」を正確に把握するために、まずはこれまでの経験を振り返る〝キャリアレビューシート〟を作成しましょう。面倒なことのように思えますが、転職の軸を見つけるには、「携わった業務」や「成功体験」などを体系的に思い返す必要があります。また、経歴の細かな部分に重要な「志向」や「価値観」が隠れていることもあるので、ぜひ取り組んでみてください。

キャリアレビューシートのつくり方としては、キャリアのなかの〝ある特定の時期〟について、重点的に思い出すことから始めます。というのも「ＷＩＬＬ」「ＣＡＮ」「ＭＵＳＴ」を導くヒントがひそんでいるのは、**仕事にもっとも夢中になり成長が感じられた「充実期」、大きな悩みを抱えたり挫折を味わったりした「苦労期」、仕事上で自分が大きく変化したと感じる「ターニングポイント」の３つの時期だからです。**ですから、「充実期」「苦労期」「ターニ

▶キャリアレビューシートに必要な要素

仕事内容（時期、年齢）

「充実期」「苦労期」「ターニングポイント」の時期に取り組んでいた業務を具体的に記します。

成功・失敗した体験

左記の「仕事内容」のなかで、体験の大小には関係なく成功、失敗した事実やエピソードを記します。

身についたこと

「成功・失敗した体験」から学び、身についたスキルなど変化したことを思い出しましょう。

当時の同僚

一緒にはたらいていた同僚や先輩、後輩などのことを思い出すと、記憶を探るヒントになるはずです。

ングポイント」それぞれの、**「仕事内容」「成功・失敗した体験（事実）」「身についたこと（スキルや想い）」「当時の同僚」の４項目について、なるべく細かく書き出しましょう。**

各時期のキャリアを〝因数分解〟していくイメージで振り返ることで、自分がどのような状況であれば、意欲をもってはたらくことができるのかが見えてくるでしょう。時間があれば、３つの時期だけでなく、すべてのキャリアを時系列に従って年表形式で表にすると、さらに細かな部分まで思い出せます。

キャリアレビューシートをもとに「ＷＩＬＬ」「ＣＡＮ」「ＭＵＳＴ」を整理すれば、自然と成功する転職に近づいていくはずです。

▶キャリアレビューシート記入例

充実期

●仕事内容（時期、年齢）

自社で開発をした伝票システムパッケージの新規開拓営業、受注後、納品までのスケジュール管理、契約書作成、納品後のフォロ一まで対応。

（20××年、27歳）

●成功・失敗した体験

営業をする企業の分析を十分にすることで、受注数は全社で上半期の一位に。また、納品後、ほかの製品の引き合いもあるなど、クライアントとの信頼を構築できた。

●身についたこと

自分なりの営業スタイル、信頼関係構築のスキル。

●当時の同僚

よく覚えているのは同期で、ライバルだった井上。

苦労期

●仕事内容（時期、年齢）

営業チームのリーダーに昇進し、自らの営業活動に加え、メンバーの管理業務も担当。メンバーを育成し、チームでの目標達成を目指した。

（20××年、31歳）

●成功・失敗した体験

メンバーを育てるつもりで厳しく接したが、チーム内のモチベーションが下がり、チームの売上は部内で最下位。自分も初めて目標未達成で、過去最低の売り上げだった。

●身についたこと

部下をマネジメントすることの難しさに気づいた。

●当時の同僚

毎日のように部下について相談をしていた遠藤課長。

ターニングポイント

●仕事内容（時期、年齢）

もっともお世話になった遠藤課長が異動になり、これからは自分の力だけで、部下の育成などをしていかなければならないと覚悟を決めた。

（20××年、33歳）

●成功・失敗した体験

遠藤課長なしでもやれることを証明しようと、部内でもっとも必死にはたらいた。自分のその姿勢を見た部下が徐々についてきてくれるようになった。

●身についたこと

まずは、自らが懸命にやる重要性に気づいた。

●当時の同僚

最初に心を開いてくれた部下の斎藤に感謝している。

コピーして使って！

▶キャリアレビューシート

［　充実期 ・ 苦労期 ・ ターニングポイント　］

●仕事内容（時期、年齢）

●成功・失敗した体験

●身についたこと

●当時の同僚

2 自己分析

4

自己分析STEP2 経験と未来からＷＩＬＬを探す

▼キャリアレビューシートを活用する方法、自分自身に質問をする方法がある

まずは、自らの「ＷＩＬＬ」を確認していきましょう。

さまざまキャリアを積んだ人ほど知識や情報が増え、「好きなことと仕事は別」といった想いから、「仕事を通してこんなことを成し遂げたい」という「ＷＩＬＬ」が見えにくくなっているもの。でも、転職した企業で情熱をもって仕事をするためにも、また、転職活動で明確な意欲をアピールするためにも、「ＷＩＬＬ」を見つめ直すことはとても重要です。

まずは、Ｐ52でつくったキャリアレビューシートを活用して「ＷＩＬＬ」をピックアップしていきましょう。〝キャリアレビューシート〟の「充実期」と「苦労期」の仕事内容を見ながら、**「充実期」には、仕事のなかで特に「満足や喜びを感じた瞬間」を、「苦労期」には「ストレスを感じた瞬間」を書き出します**。そして、「充実期」で思いついたものは、**その瞬間のどのような要素が満足や喜びをあたえてくれたのか**を自分なりに分析してみてください。**「苦労期」**

▶キャリアレビューシートからWILLを見つける

[充実期]

〈満足や喜びを感じた瞬間〉		〈なぜ喜びを感じたのか〉	優先順位
システム開発の業務に従事	➡	自分にとって興味のある仕事ができること	❶
チームでプロジェクトを推進	➡	メンバーをまとめ、管理をするマネジメントタスク	❷
顧客から感謝の言葉を言われた	➡	顧客との距離が近い業務	

[苦労期]

〈ストレスを感じた瞬間〉	反転	〈ストレスを解消した状態〉	優先順位
関係する他社との調整	➡	ある範囲のシステム開発など、なるべく自社内で完結できる	
早朝から深夜まで拘束時間が長い	➡	業務時間の裁量があり、作業時間をコントロールできる	❹
責任は重く、給与は低い	➡	同業他社と比較し、適切な給与が払われる	❸

のものは、ストレスを〝反転〟させて状況が改善された理想の状態を書き出します。

　こうしてキャリアレビューシートの「充実期」「苦労期」という2つの時期から導かれたものが、自らの「WILL」になります。転職においては、すべての「WILL」を同時に満たすのは難しいので、**各トピックには優先順位をつけてください。**これがキャリアレビューシートを活用した「WILL」の見つけ方になります。

一方、この方法で「ＷＩＬＬ」をうまく見つけられなかった人には、ほかにも探し方があるので安心してください。例えば「長い休暇が取れたらどんなことをしたい？」「本屋さんで思わず買ってしまうのはどんな本？」「架空のキャラクターも含め、自分にとってあこがれの人物は誰？」など、**方向性の異なるさまざまな質問を自分自身に投げかけながら、自らの「ＷＩＬＬ」を探っていく方法**です。質問は、左ページにあるものを参考にしてください。現在の自分の感覚だと答えがあまり思いつかない人は、学生時代や幼少期のころまでの自分を思い出しながら答えていきましょう。最初の質問に答えたら、そこから続けて「どうしてそう思ったのか」「どんなところが好きなのか？」「どんな点に興味をもったのか？」など、**さらに具体的な質問を重ね、答えを深めていきます**。樹形図のように1つの質問からどんどん枝を広げていくイメージです。

最初の質問から4～5回くらい回答を繰り返したら、同じように別の質問にも答え、樹形図を作成していきます。こうしていくつかの質問に答えたら、回答は終了です。**質問と回答の全体を見回し、共通している、もしくは考え方の似ている答えをピックアップ**します。これが自分の「ＷＩＬＬ」のタネになります。どのような業界や仕事の環境ならばモチベーションが高まるかが、わかるはずです。

▶WILLを浮き彫りにする10の質問

① 長い休暇が取れたらどんなことをしたい？

② 本屋さんで思わず買うのはどんな本？

③ 架空も含め、あこがれの人物は誰？

④ 学生時代に夢中になったことは？

⑤ 時間やお金をかけてきた趣味は？

⑥ これまでで一番の壁を感じたのはどんなとき？

⑦ 今現在考える、将来の夢は何？

⑧ 現在も連絡があるのはいつの上司？

⑨ 何を実現するためにはたらいている？

⑩ 人生で一番本気になったのはいつ？

―質問の掘り下げ方―

1つの答えに対し、2つくらい異なる切り口の質問をして答えを深めていきましょう。

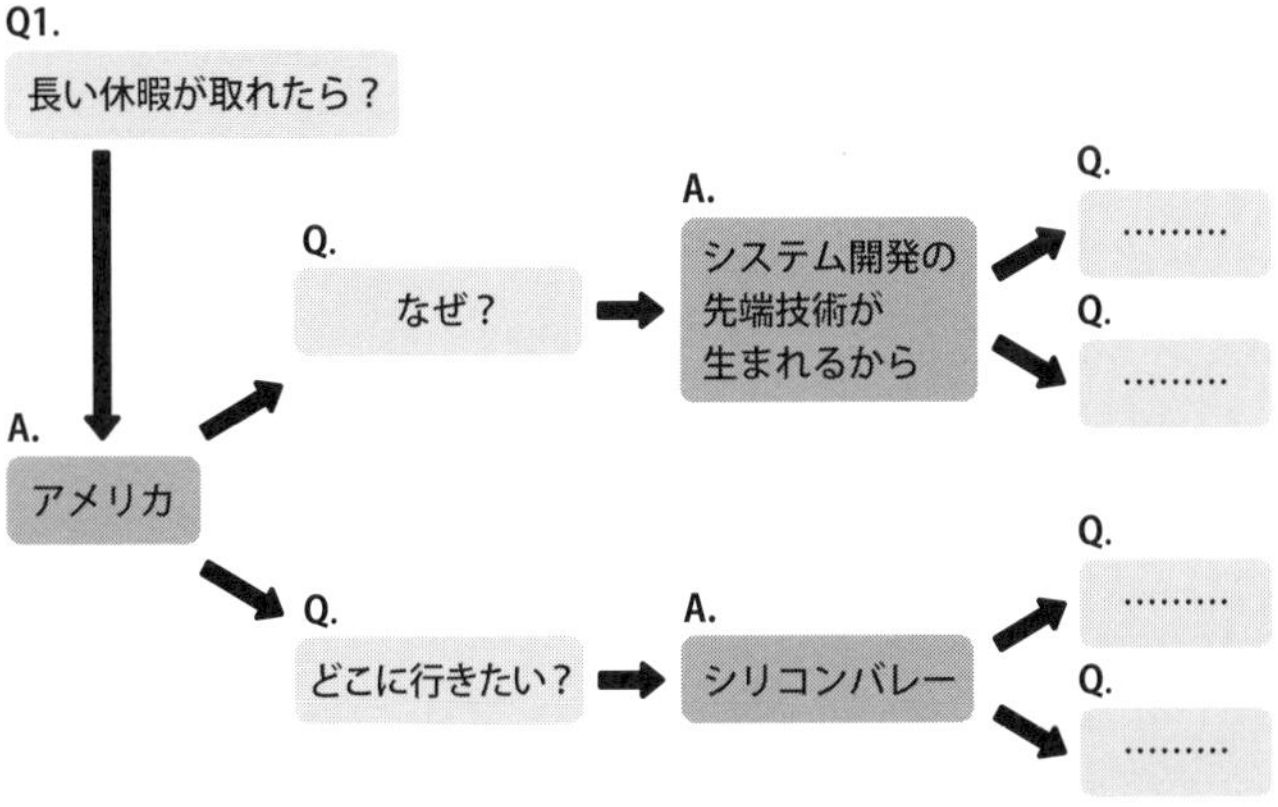
Q1.
長い休暇が取れたら？
A.
アメリカ
Q.
なぜ？
A.
システム開発の先端技術が生まれるから
Q.
……….
Q.
……….
Q.
どこに行きたい？
A.
シリコンバレー
Q.
……….
Q.
……….

2 自己分析

5

自己分析 STEP3

他人への質問からもＷＩＬＬを発見

▼他人の目線を使って、自分がイキイキしていた時期を振り返る

キャリアレビューシートでも、自分への質問を掘り下げても「ＷＩＬＬ」があまり見つからなかった人は、「ＣＡＮ」と同じように（Ｐ63）、**他人に協力してもらう方法**もあります。周囲の同僚や仲のよい友人、家族などに、「私はどんなときにイキイキしていたか？」「私は何をしているときに夢中になっていたか？」「周りから見て、私が成長していたのはどんなときか？」など、**自分に関する質問をしてみる**のです。周囲の人の目線を通すことで、自分では意識していなかった「我を忘れて集中していた瞬間」のエピソードを思い出すことができ、自らの「ＷＩＬＬ」のヒントが見つかるかもしれません。

また、**「他人のＷＩＬＬを聞いてみる」のも有効**です。同僚などに対して〝仕事でやりがいを感じるとき〟や〝将来的なビジョン〟、また、Ｐ59にあげた質問をしてみましょう。共感できる回答には、「ＷＩＬＬ」に共通する要素があるかもしれませんし、反対に「自分はちょっ

▶ほかの人に自分のWILLを教えてもらう5つの質問

Q1
私がイキイキはたらいていたのはどんなとき？

Q2
私は何をしているときに夢中になっていた？

Q3
私が成長していたのはどんなとき？

Q4
仕事における私のハイライトっていつ？

Q5
私が他人よりも優れているところはどこ？

とちがうかな」という回答には、その逆を考えてみれば、「ＷＩＬＬ」が見えてくるかもしれません。他人との会話を通じ、相手の価値観や思考に触れて自分と比較することで「ＷＩＬＬ」が見えてくるはずです。

　これまでにあげた方法ではなく、もっとシンプルに、**夢を実現するための手段も立派な「ＷＩＬＬ」になります**。「将来的にこんな仕事をしたい、こんな人物になりたい」という理想から、実現するためにはどんな経験やスキルが必要か、また、自分に何が不足しているかを考えるのです。それらを身につける仕事を、自らの「ＷＩＬＬ」ととらえるとよいでしょう。

2 自己分析
6

自己分析 STEP4

自分のなかのCANを掘り起こす

▼自分の経験やスキルを決して過小評価しないこと！

続いては、「ＣＡＮ」をピックアップしていきます。今節で、〝キャリアレビューシート〟を活用して「ＣＡＮ」を探し、次節で有効なものを精査していきましょう。

多くの人が、目立ったスキルや経験がないと、自らの「ＣＡＮ」を過小評価しがちです。しかし、現在の企業では重要とされていなかった経験や、「当たり前だろう」と自分では気づいていなかったスキルが**別の企業や業界では高く評価されるというのは、転職市場ではよくあること**です。ですから「こんなことでいいのかな」などとは考えず、**自分のなかにある「CAN」をすべて掘り起こしてください。**

具体的には以下の３つの方法で「ＣＡＮ」を見つけてください。１つめは、キャリアレビューシートの「仕事内容」「身についたこと」を参考にしながら、自分の「ＣＡＮ」を書き出していきます。思い出したことや、補助的に関わって身につけたことも追記していきましょう。２

▶自分のCANを掘り起こす方法

1 「キャリアレビューシート」を見直す

キャリアレビューシートの「仕事内容」「身についたこと」からCANを思い出します。

例-
・生産性を向上させるためのマネジメント
・品質管理のマニュアル作成

2 “ほめられた経験”“面白いと思えること”を思い出す

キャリアのなかでスムーズにできた仕事や上司などにほめられた仕事を思い出します。

例-
・関連部署と調整しながら業務を進めること
・新製品開発のためのデータリサーチ

3 周囲の知人に自分について聞いてみる

同僚や友人に自分の仕事に関する質問をすると、意外なCANが見えるかもしれません。

例
私の魅力ってどんなところ？
私がイキイキしているのはどんなとき？
私の長所と短所は？
私に頼むならどんな仕事？

つめは、仕事をするなかで「人からほめられた経験」や「面白いと思えること」を思い出す方法です。1つめで抜けていたものを思い出せるよう意識してください。3つめが、周囲の知人に自分について質問する方法です。職場の同僚や取引先からは仕事の進め方や向き合い方、友人からは集団のなかでの役割や行動パターンなどが聞けるでしょう。自分でも思ってもみなかった意外な「CAN」を発見できるはずです。

2 自己分析
7

自己分析 STEP5
他社でも役立つCANを整理

▼自分のもっているスキルのなかで、普遍的なものを探す

前節で掘り起こした「ＣＡＮ」のなかで、転職先の企業でも役立つものを整理していきましょう。いわずもがな、転職においては経験のある業種・業界のほうが有利です。それは、必要なスキルや強みが身についていることはもちろん、どんなことが役立つのかイメージでき、アピールしやすいからです。このように同業他社へ転職をする際には「ＣＡＮ」に悩むことは少ないですが、一方で、異なる業種・業界に転職する場合は、直接的なスキルや経験がないため、**他社でも貢献できる「CAN」をアピールする必要があります**。そういった他社でも役立つスキルや経験は、同じ業種・業界への転職においても十分役立つはずです。

まずは、掘り起こした「ＣＡＮ」を、**「業務スキル」**と**「ビジネススキル」**の2種類に分けてください。「業務スキル」は、経理やマーケティング、ＰＣの操作、英語など、ある程度の勉強が必要で、業務に直結するスキル。役立つ企業が比較的多い、普遍的なスキルといえるで

▶さまざまな企業で活かせるスキル

業務スキル

実務として取り組んで身につく、業務に直結するスキル

例
・経理や人事
・PCスキル など

ビジネススキル

目標を達成するために必要な姿勢、考え方、行動などのスキル

ヒューマンスキル

仕事上の関係者たちと良好な関係を構築するスキル

例
- **説得力**
  他人を納得させる能力
- **統率力**
  組織を適切に率いる能力
- **傾聴力**
  他人の話を聞き、理解する能力
- **協調力**
  他人と力を合わせる能力
- **受容力**
  他人の主張を受け入れる能力

セルフマネジメントスキル

どんな状況でも自分自身を適切に管理するスキル

例
- **自制力**
  自らの欲求を制御する能力
- **忍耐力**
  苦しい状況を耐える能力
- **規律力**
  筋道を守って業務を進める能力
- **柔軟力**
  変化に対応していく能力
- **高揚力**
  意欲を発揮できる能力

タスクマネジメントスキル

業務を過不足なく円滑に進める考え方や行動のスキル

例
- **持続力**
  あることがらを継続する能力
- **推進力**
  物事を進めていく能力
- **機動力**
  状況に対応し、素早く動く能力
- **創造力**
  新しい考えを発想する能力
- **瞬発力**
  短い時間に集中する能力

しょう。もう1つの「ビジネススキル」とは、コミュニケーション力やプレゼンテーション力など、業務のゴールを達成するために必要な姿勢、考え方、行動などのスキルです。「ビジネススキル」はさらに、説得力や統率力など人に関係する**「ヒューマンスキル」**、自制力や忍耐力など、自分を管理する**「セルフマネジメントスキル」**、持続力や推進力など業務を円滑に進めるための**「タスクマネジメントスキル」**の3つに分けられます。「業務スキル」以外の

スキルや経験を、この3つの「ビジネススキル」に当てはめながらピックアップしていきましょう。もちろん、「ヒューマンスキル」「セルフマネジメントスキル」「タスクマネジメントスキル」以外でも、普遍的なスキルがあれば同様にピックアップします。こうして浮かび上がったスキルや経験が、自分の「ＣＡＮ」になります。

取得した資格も「ＣＡＮ」になりますが、そのためには**資格を活用した実務経験が必須です**。弁護士や公認会計士、税理士など高度なものは実務経験がなくても評価されることもありますが、それ以外は経験がなければあまり意味がないことのほうが多いのです。アピールできる「ＣＡＮ」を増やすために、新たに資格取得を目指そうという人は、そのあとに実務経験を積むことまでを頭に入れておいたほうがよいでしょう。

ですから、なるべく早く**「CAN」を増やしたいと思ったら、現在の職場で新しい経験を積むほうが現実的**です。新人の教育係に手をあげる、新プロジェクトを立ち上げて自ら担当する、関連会社への出向を志願するなど、これまでとは異なる業務に挑戦すれば、自然と転職で役立つ「ＣＡＮ」が増えていくでしょう。

とはいえ、実務経験が少なくても、多くの企業で有効な資格やスキルもあります。たとえば、英語力。**十分な英語力があれば、仕事ではあまり使ったことがなくても評価される**ため、転職

▶実務経験が浅くても役立つスキル

English

かなり身近なスキル！
英語

古くても２年前程度のTOEIC®のスコアが望ましい。なお英語力を必要とする求人なら、700点以上程度が目安。

Management

リーダーならもっておきたい
マネジメントスキル

「メンタルケア」や「コーチングメソッド」のほか、「リーダーシップ」や「組織運営」などの研修は有効。

PC

ほぼすべての企業で使える
PCスキル、Webの知識

かなり幅広い分野がありますが、特に評価されることが多いのは、Webを使ったマーケティングの知識。

先の選択肢がかなり広がります。英語力をアピールしたければ、「ＴＯＥＩＣ®」のスコアなどで証明できるようにしておくとよいでしょう。また、**ＰＣスキルは、現代においてはもっとも普遍的なスキル**の１つです。ワードやエクセルなどのオフィスソフトはもちろん、インターネットはほとんどの企業で活用されていますので、Ｗｅｂに関する知識を身につけておけば、幅広い企業への転職で有利になる可能性が高いでしょう。ほかにも、マネジメント層への転職を目指している人は、**メンタルケアやコーチングメソッドなどのビジネススクールを受講した経験**は評価されるはずです。

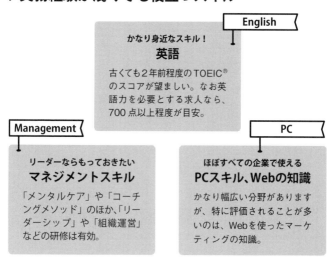

2 自己分析
8

自己分析 STEP6

自らに合う企業の「成長ステージ」

▼企業の「成長ステージ」によって、求める人材像はまったく異なる

自己分析の最後は「ＭＵＳＴ」です。中途採用では、即戦力となる人材を求めるケースが多いので、応募には条件があります。条件が「○○の経験が3年以上」「○○免許を取得していること」などの客観的事実であればわかりやすいのですが、例えば「企画提案力」などの場合、「システムの提案」か「商品ＰＲの提案」かでは内容がまったく異なるため、その企業のビジネスモデルを研究しなければ、どんなスキルを求めているのかがわかりません。また、その企業を研究することで見えてくる必要な人材像もあるでしょう。このあたりの詳細は、ステージ3の「企業研究（Ｐ86〜）」で紹介します。

ただし、自己分析に関係する「ＭＵＳＴ」もあります。**企業には成長の段階を表す「成長ステージ」というものがあり、ステージによって求める人材像が大きく変わってきます**。自分がどのステージの企業に向いているかは、自己分析によって知ることができるため、自分に適し

▶成長ステージごとの求める人材イメージ

草創期 ［生まれたばかりのビジネスを確立］

設立から1〜2年程度で、会社には技術やビジネスモデルしかなく、すべての業務において人手が不足。

求める人材
- ・即戦力となるビジネススキルがある
- ・創業者の理念に高いレベルで共感できる
- ・企業を形づくる幅広い業務に対応できる

↓

拡大期 ［サービスと売り上げの拡大を目指す］

組織の基盤が固まった時期。売り上げ拡大を目指し、人員や拠点を増やし、スピードアップが求められる。

求める人材
- ・意欲が高く、未経験の業務でもこなせる
- ・推進力のある現場のマネジャー
- ・経理や人事など管理部門に対応できる

↓

多角期 ［事業間のシナジーを目指す］

事業拡大や不振分野のカバーを目指し、新規事業の推進、分社化を始める。事業間シナジーの創出も重要。

求める人材
- ・企画力や分析力がある最前線の担当者
- ・マーケティングに関する知識がある
- ・中長期の展望のある戦略的なマネジャー

↓

成熟期 ［さらなる成長へ向けて］

市場の頭打ちなどの影響から、さらなる拡大のためには、新しいビジネスモデルの構築が求められる。

求める人材
- ・構想力、想像力、分析力がある
- ・長期の展望のある戦略的な思考ができる
- ・経営企画や財務などのスペシャリスト

た企業の「成長ステージ」を知っておきましょう。

「成長ステージ」は、創業から成長していく順に**「草創期」「拡大期」「多角期」「成熟期」**の4段階に分類できます。これらは企業の普遍的な変化の方向性であり、時期によって「とにかく強い意欲をもつ人」「高い専門性をもつ人」「社内の風土にマッチし、一体感を高められる人」など、それまでとは異なる新たな人材のニーズが生まれます。ちなみに「成長ステージ」

ではありませんが、このほかに「安定期」もあり、この時期は組織の変化が少ないため、新たな人材ニーズは生まれにくく、中途採用は基本的に欠員の補充になります。

各ステージに求められる人物像としては、企業の骨格を自分たちの手でつくりあげなければならない**「草創期」には、即戦力であり、かつ、幅広い業務に対応できる人材**が求められます。売り上げや利益を拡大していくことが重要な**「拡大期」は、意欲が高く、未知のことでも独学で進められるプレイヤーや、経理や人事など管理部門に明るい人材**などが求められます。新規事業の展開や分社化が始まる**「多角期」には、マーケティングに強く、ある程度大きな規模の事業戦略を描ける人材**が重宝されます。第二創業期ともいうことができ、本業とは異なるビジネスモデルを模索する**「成熟期」に必要とされるのは、新たな取り組みに対応でき、構想力や分析力に優れた人材**です。

左ページに、自分がどのタイプに向いているかをチェックする自己診断シートがありますので、自らのタイプを知るために取り組んでみてください。

ただし、ここで紹介した「成長ステージ」ごとの人物像の傾向は、必ずしもすべての企業に当てはまるわけではありません。興味をもった企業は自分でしっかりと研究し、どのような人材を求めているのかを研究しましょう。

▶自分に合った企業ステージを診断！

A

- □ 自分で考え、自分で判断して行動したい
- □ 専門性を高めるよりも、幅広い業務を経験したい
- □ スピードの速い変化を楽しめる
- □ 自分の声が経営層に届く立場でいたい
- □ 生活時間が不規則になってもあまり気にしない

B

- □ ある業務を専門とする組織を立ち上げたい
- □ 早くからリーダーの立場につきたい
- □ キャリアの価値を高めたい
- □ 社会への影響力を実感したい
- □ IPOのプロセスを経験したい

C

- □ 専門性を活かして新しいことをしたい
- □ 戦略を練り、計画を立てるのが得意
- □ 異なる風土や環境に入るのも平気
- □ 異分野との折衝、協業ができる
- □ 協調性があり、チームで仕事を進めたい

D

- □ 多くの人の立場を考えて接することができる
- □ ある課題を分析する能力には自信がある
- □ 部下のモチベーションを上げるマネジメントができる
- □ 周囲を巻き込み、協力してもらうのが得意
- □ 必要なことは大勢の前でも主張できる

マッチする成長ステージ

Aが多い→**草創期**　**B**が多い→**拡大期**

Cが多い→**多角期**　**D**が多い→**成熟期**

2-2「自己分析」キーをゲット！

つまり「この会社に入って〇〇がしたい」という意思が明確であるということが求められるということです
意思が明確であればキャリアが不足していたとしても受かるケースがあるほどです
明確な意思……
はい？
すみません聞こえなかったのでもう一度お願いします
私は
はい ここで1つめのキーをかけた選択です
これから草場さんは2通りの回答をします
この場で適切かつ採用の可能性が高い答えはどちらでしょう？

（1）私はこれまで複数のプログラミング言語を学んできましたので
さまざまなシステム構築プロジェクトで貢献できると思います
（2）私は前職で学んだプログラミングスキルには自信がありますので
基幹システム構築はもちろんゆくゆくはAI系のシステム開発にも取り組んでいきたいです
自信ないけど（2）かな？
私も（2）だと思う
では正解です

で
そのとき何と答えたのですか？
はい
私は（2）って答えたんです
結果は……？
実は……
ゴクリ…
合格……
合格してくれ！

内定
もらっちゃいました〜！
！
それは
よかったですね
やったーー！
たしかに
ベストな回答だと
思います
自分のスキルで
貢献すべきことに
加え
入社後に
取り組みたい
自分の意思を
伝えたことが
よかったのだと
思います

先生のおかげです！
自己分析をやった甲斐がありました
お見事！
1つめのキー
自己分析
「自己分析」を獲得です

COLUMN 2
森本先生の転職ワンポイントアドバイス

企業側ではなく、自分にとっての「MUST」の考え方

企業側だけでなく、“自分がゆずれない条件”という意味もある「MUST」。転職活動がうまくいかなくなってくると、「早く決めなければ」と焦ってしまい、評価につながりやすい内容ばかりにとらわれて、自分がゆずれない条件も後回しにしてしまいがちです。ですから、転職活動の最初の段階で自分にとっての「MUST」が、“給与”や“待遇”なのか、“勤務地”なのか、さらに別の要素があるのかを考えておくといいでしょう。

要素をあげて優先順位をつけてもよいですが、おすすめなのは、要素を円グラフにする方法。こうすると「自分にとって各要素が何%の割合なのか」を比較することができます。例えば、「仕事内容が50%、休日はゆっくり過ごしたいので休日が30%、給与は15%くらい」など、自分が求める要素を比較しながら客観的に整理できるはずです。

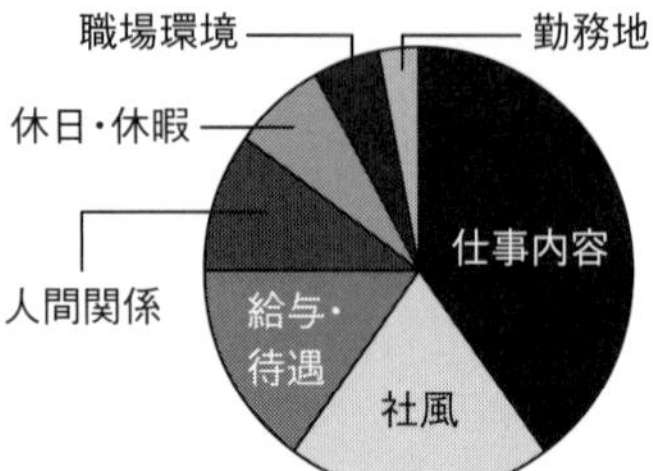

STAGE 3
CORPORATE RESEARCH

ニーズを探る企業研究のアプローチ

本当の意味で必要な人材とは!?

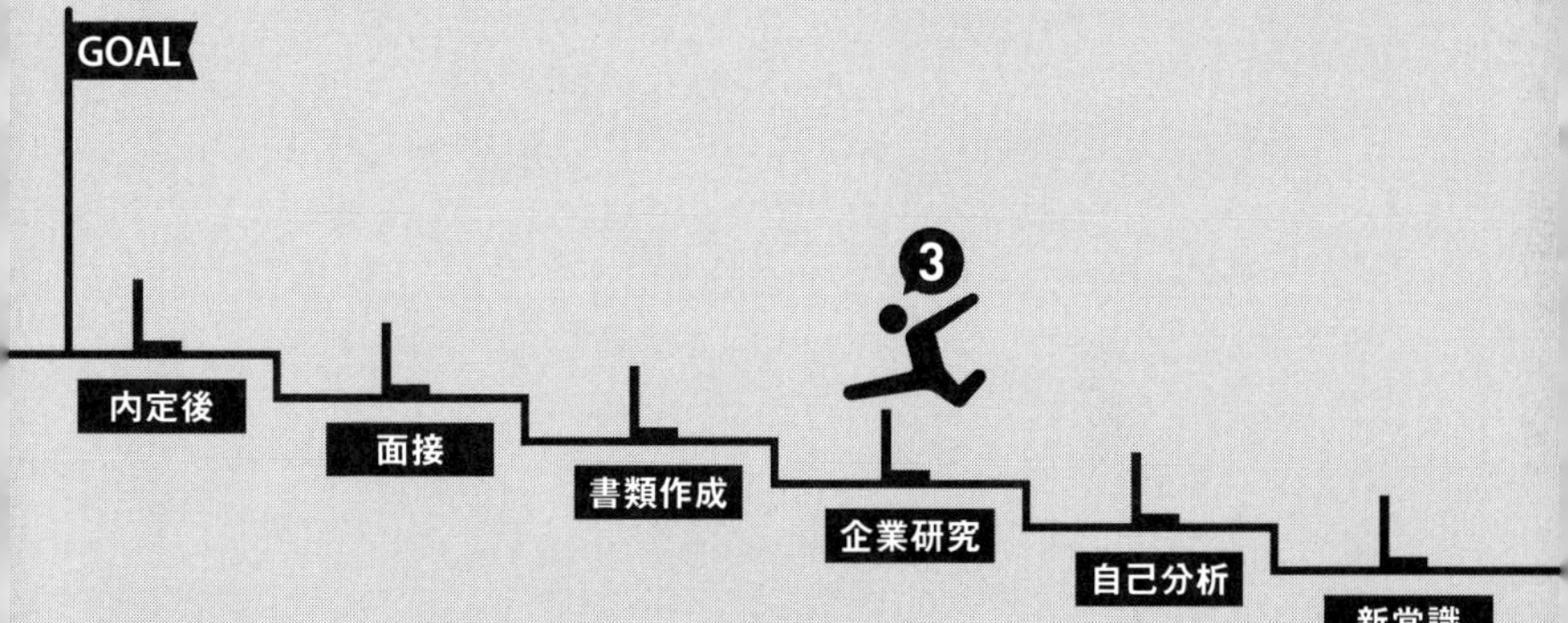

会社案内にホームページ、採用サイトなどの
情報から、企業が必要としている
「本当の人材ニーズ」を探る方法を紹介します。

カチ
カチ
はあ〜 こんなはずじゃなかったのに……
まさかこんなにブラックだったなんて気づきもしなかった……
もうすぐ終電じゃん…
問題のある会社に転職した香山さん
香山さんは先月にこの会社へ転職してきたばかり
ブラック体質なこの会社に入社してしまったことを後悔しているようです

三カ月前――
へぇ～ よさそうな会社だな
受けてみるか
キレイなオフィスだな
はじめまして 人事担当です
こちらへどうぞ
は……はい
オシャレだし 感じがよさそうな人だな
会議室
conference room
なるほど
香山さんは有能な 方なんですね

当社では その力を発揮する 環境が整っていますし やればやるほど 評価するシステムも 充実していますよ
そうなんですね！
言うことナシじゃん！
入社していただける場合 いつからはたらけますか？ また 何かほかに 質問はありますか？
え？ あ、質問は特にないです 内定をいただけるのなら すぐにでも！
はい 香山さんは ここまでで すでに決定的なミスを 犯しています
え？ 特に問題ないように 見えましたけど
ここで香山さんの未来を 変えるため、物語に転職 エージェントを投入します
転職 エージェント

ピッ
時間を戻します
へえ～ よさそうな会社だな 受けてみるか
安易な判断はNGですよ
え？ そうなんですか？
企業サイトなどで転職先をリサーチする場合
オシャレなデザインといった外枠だけで判断してはいけません
採用情報 RECRUIT
CREATIVE
実際とは大きくかけ離れていることもあります
よさそうに見えますけどね
サイトだけではなく受付や面接会場人事担当もオシャレでキレイな雰囲気に飾って
外側だけかっこよくしている企業もあるのです
そうなんですか？
その場合の見極め方とかはどうすれば……？

転職企業を訪れた際にオフィスのなかを眺め実際にはたらいている現場の雰囲気もできるだけ観察したほうがよいですね
なるほど〜
転職先を探すには外面だけ見るのではなく希望する企業をしっかり研究してから臨むことが大切です
研究？
企業研究は転職活動に必須のWILL・CAN・MUSTでいうところのMUSTに当てはまります
求める人材
必要な能力
つまり企業が求めている人材のニーズを掘り下げ自分なりに理解するのが企業研究です

同時にビジネスモデルや企業の風土社員のはたらき方などを知ることで
転職の重大なミスマッチを避けることができるのです
ほ〜
とはいえ企業研究が大切なのはわかりますが
それって調べればわかるものなのでしょうか
100%理解できるわけではありませんが正しい調べ方をすればある程度は把握できますよ
これからポイントを教えましょう
お願いします

3 企業研究
1

「企業研究」で、企業のニーズと自分の接点を探す

▼深い意味での企業の人材ニーズを理解する

企業研究は、**企業の「MUST」や「社風にマッチする人物像」をつかみ、自らの「WILL」「CAN」との接点を探す**作業。これをしないと人材ニーズがわからないため、アピールするべきことがはっきりせず、多数の応募者のなかで内定を得るのは難しいでしょう。また、企業研究不足で入社後に能力を発揮できないこともあり、転職のミスマッチにもなりかねません。

P68で紹介したように中途採用には採用条件があり、これは「企業のなかでそのスキルが不足している」という意味ですので、人材ニーズを探るヒントになります。とはいえ、あいまいな書き方であることが多く、なぜ今そのようなニーズがあるのかまではわからないため、**企業の歴史や理念から、深い意味での人材ニーズを探る必要があります**。頭に入れたほうがよいのは**採用条件は絶対的な条件ではなく、あくまで目安**ということ。実際に「採用条件は満たしていないが、広い意味で求めていた人材である」と、採用されるケースもあるのです。

▶企業研究のゴール

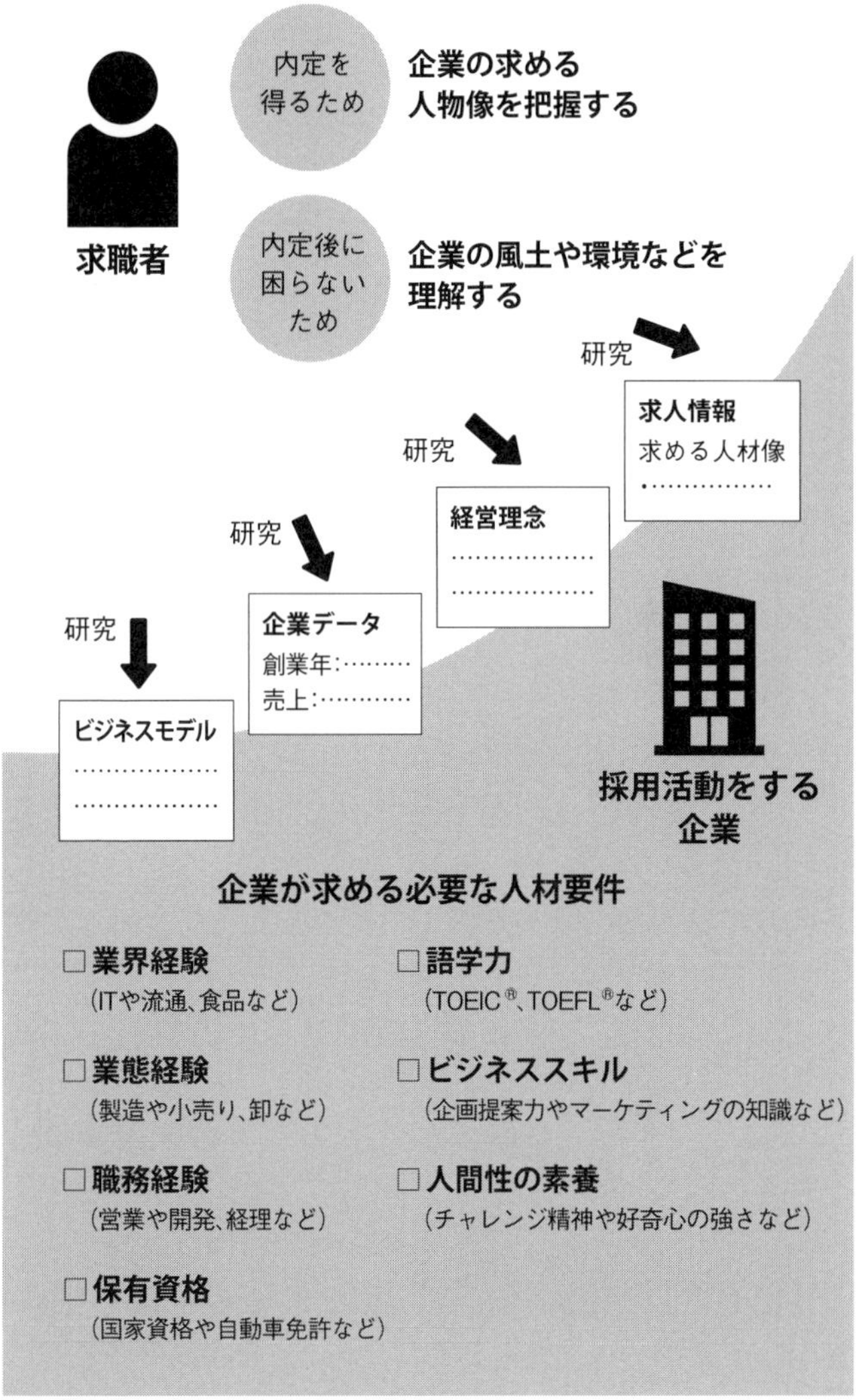

企業が求める必要な人材要件

- □ **業界経験**
  (ITや流通、食品など)
- □ **業態経験**
  (製造や小売り、卸など)
- □ **職務経験**
  (営業や開発、経理など)
- □ **保有資格**
  (国家資格や自動車免許など)
- □ **語学力**
  (TOEIC®、TOEFL®など)
- □ **ビジネススキル**
  (企画提案力やマーケティングの知識など)
- □ **人間性の素養**
  (チャレンジ精神や好奇心の強さなど)

3 企業研究
2

転職の条件や進め方によって最適な求人媒体を選ぶ

▼オールマイティな「求人サイト」と、メリットの多い「転職エージェント」が人気

企業研究をするにあたり、まずは、現在どんな求人があるのか、求人情報を探す必要があります。求人情報を扱う媒体には、いくつかの種類があり、それぞれ異なった特徴がありますので、**転職の条件や進め方に合わせて最適なものを選びましょう**。複数の媒体を併用してももちろんＯＫです。選び方は左ページを参考にしてください。

もっともオールマイティに使えるのが**「総合求人サイト」**。**希望の業界や職種、勤務地などを入力しながら幅広い情報を即座に入手できます**。最近では、希望する条件を登録しておけば、マッチする求人が掲載されたら知らせてくれる機能や、経歴を登録しておけば、企業や転職エージェントからオファーが来る「スカウトサービス」もあり、非常に便利です。ただしとても手軽に登録できるため、いくつものサイトに登録してしまい、把握しきれないほどの連絡が来るなど混乱を招くこともあるようです。

▶求人媒体の選び方

総合求人サイト

・転職を考えるすべての人
・キーワード検索があるので、ある程度条件が絞られている人

転職エージェント

・転職の方向性に迷い、キャリアの相談に乗ってほしい人
・高度なキャリアがあり、非公開の求人情報を知りたい人

求人誌・求人チラシ

・勤務地を意識した転職活動をしたい人

転職イベント

・一度に、たくさんの企業研究がしたい人
・希望の企業を決める際、社員と直接話をして決めたい人

ハローワーク

・勤務地（地域）を意識した転職活動をしたい人
・U ターンなどで、地域に密着した企業ではたらきたい人

P24でも紹介しましたが、最近増えているのが企業の求人情報と、求職者の希望を把握し、**マッチングさせるサービスをする「転職エージェント」**（人材紹介会社）を活用した転職です。求職者に転職のプロがつき、転職活動全般のアドバイスをしてくれます。また、「転職エージェント」は、一般公募に出ない非公開求人を抱えていたり、表には出ない企業の裏情報を把握していたり、さらには企業との連絡まで代行してもらえたりと、多くのメリットがあります。

ほかにも**「転職イベント」**や**「求人誌・求人チラシ」**、**「ハローワーク」**などさまざまな媒体があります。次ページでその特徴を紹介していきます。

▶さまざまな求人媒体の特徴

転職活動をするなら必須

求人サイト

現在もっとも一般的な求人媒体。すぐに求人を検索できる手軽さが特徴。幅広い求人がある総合求人サイトのほか、業種・職種に特化した専門的な求人サイトも。

メリット

- 条件検索やキーワード検索で、希望の企業が手軽に見つかる
- キャリアを登録すると、自動的にスカウトメールが送られるサービスも

上手に活用すればメリット多数

転職エージェント

専門家が、さまざまな面で求職者をサポートしてくれる。自分では思いつかない選択肢を発見できることも。企業側が報酬を払うので、求職者は無料なのも魅力。

メリット

- 高度なキャリアをもつ人に向けた非公開の求人情報がある
- 企業とのスケジュール調整の代行や給与交渉、キャリア整理の手助けなどをしてもらえる

地域密着型の転職活動をするなら

求人誌・求人チラシ

駅などで無料で手に入る求人誌や、新聞の折り込みチラシとして手に入る求人チラシは、配布する地域の求人情報が多数。幅広い求人に出合えるのが特徴。

メリット

- 勤務地やエリアごとの求人がまとまっている
- 自分から探すもの以外の、さまざまな種類の求人に触れることができる

たくさんの企業に、直接触れるチャンス

転職イベント

会場内のブースに企業の担当者がおり、来場者と対面形式でおこなわれます。1日で多くの企業の担当者と話せ、効率よく情報収集ができ、思いがけない出合いがあることも。

メリット

- 1日でたくさんの企業の情報を得ることができる
- 社員と直接話すことができ、職場の雰囲気や社風に触れられる

公的機関が運営する職業安定所

ハローワーク

全国に540カ所以上あるハローワークは、カウンターで担当者と相談しながら求人を探す場所。古い企業のなかには、求人募集にはハローワークしか使っていないことも。

メリット

- カウンターで相談をしながら求人を探すことができる
- 地域の隠れた優良企業があることも

＼求人媒体ではないけれど……／

要はコネ、でも転職希望者のメリットも多数

リファーラル採用

社員が信頼できる知人を自社に推薦・紹介する方法。求職者にとっては、よく知る人からの誘いであれば、職場環境にめぐまれ、ミスマッチする可能性も低いでしょう。

メリット

- 自分をよく知る知人の紹介であれば、社風にマッチする可能性が高い
- 自分の能力を活かせる場所ではたらくことができる

3 企業研究 3

大きな変化が！ 転職業界における求人の傾向

▼広告代理店や金融は人気が低下、注目はベンチャー企業

企業研究の1つとして、最近の転職市場の動向も頭に入れておきましょう。ひと昔前の人気業界を見てみると**「広告代理店」や「金融」は人気が低下**し、**「商社」や「メーカー」は安定**。試験が必要な**「官公庁」も人気**です。「IT」では、最近よく聞く**〝AI〟や〝IoT〟の専門的なスキルがある人は、大きなニーズがあり**、引っ張りだこの状況です。全体的には、かつてほど、業界自体での人気不人気はなくなってきている傾向があります。

また、**優れたキャリアをもつ人ほど、大手よりもベンチャーを目指すケースが多いのも最近の特徴**です。株式上場も活性化しているため、証券取引所に上場するIPOに向けた人材のニーズも強く、ベンチャー企業が経営幹部を求める求人も増加しています。「働き方改革」や少子高齢化の影響で、〝エンゲージメント〟や〝生産性〟〝社員満足度〟がキーワードになっており、企業のなかでこれらを戦略的に向上させるスキルを求める企業は多いようです。

▶求人情報の最新動向

かつての人気業界も今は……

金融

ITの発展により、意義が低下していることや経営環境が厳しいことから、敬遠されているよう。特に「メガバンク」は人気が低下。

インターネットの影響で人気低下

マスコミ

テレビ局や新聞社、広告代理店なども、インターネットの登場により人気が低下。「激務」のイメージも、人気の低下の理由。

現在も安定の人気

メーカー・商社

「メーカー」や「商社」は、現在でも人気があります。給与が高く、福利厚生が充実しているといったよいイメージがあるよう。

AIの登場により負荷価値が重要

小売り・サービス

下記にあるAIの登場により、従業員削減が予想される小売り・サービス業。今後はいかに付加価値をつけられるかがポイント。

優秀な人ほど注目!

ベンチャー企業

革新的な技術やアイデアで、新しいプロダクトやサービスを展開するベンチャー企業。自らのキャリアを戦略的に考えている転職希望者は、大手よりも早くに自らの能力を試せるベンチャー企業を選ぶ傾向が。特に将来的に、経営者を目指している人には人気が高いようです。

転職市場で頻出するキーワード

IoT …モノがインターネットに接続され情報交換をする仕組み。

AI …人工知能。今後、さらに重要度が高まるといわれている。

IPO …新規公開株、新規上場株式。

エンゲージメント
…企業や商品などに対し、ユーザーが「愛着をもっている状態」のこと。

生産性の向上
…「働き方改革」の影響で、作業効率の向上は、多くの企業の課題。

3 企業研究

4

企業の人材ニーズがつかめる！ 企業研究のコツ中のコツ

▼さまざまな情報から、企業の人材ニーズを探す

世間には多種多様な企業があり、内情はそれぞれ異なり、また、状況も常に変化しているため、深いところまで人材ニーズを確実に読み取れる普遍的な方法はありません。求人情報やホームページ、ニュース記事などの情報から総合的に**組織の状態や課題を想像し、自分が貢献できる部分をイメージする**のが基本です。とはいえ、企業研究として「最低限やっておくべきこと」や「企業の状況や人材ニーズをイメージするコツ」はあるので、おさえておきましょう。

まず最低限確認するものとしては、①**「企業の公式ホームページ」**、②**「総合求人情報サイトの求人ページ」**、あれば③**「企業のリクルーティングページ」**。公式ホームページは可能な限り、「創業者メッセージ」から「経営陣のプロフィール」「社史」「組織図」「プレスリリース」まで、すみずみまで読み込んでください。この3つに加え、上場企業なら**「IR資料」**で経営状況を見る、未経験の業種・業界なら**「業界地図」**でビジネスモデルを理解する、最先端の研究開発

▶企業研究に必要な媒体

絶対に確認するもの

●企業の公式サイト
あらゆる情報を掲載しているので、細かい部分まで目を通すこと。

●求人サイトの希望求人のページ
採用条件は「その企業に不足しているスキル」なので特に要チェック。

●企業のリクルーティングページ
企業が自らつくっているので、よりリアルな情報に触れることができます。

＋

上場企業なら

IR資料
難解な部分もありますが、調べながらでも一度は確認しておくこと。

未経験の業種・業界なら

業界地図
ビジネスモデルや、志望企業の業界内での位置を研究。

最新情報が必要なら

業界新聞
幅広い業界に専門の業界紙はあるので、最先端のトピックを確認。

第三者や消費者の視点が必要なら

関係者のインタビューやSNS
インタビューは客観的な情報を入手でき、SNSは社風に触れられます。

をする企業なら**「業界新聞」**で最新情報を確認する、消費者の視点が必要なら**「SNSや社員のインタビュー記事」**を読むといった研究も必要です。

①公式ホームページの「創業者メッセージ」「経営陣プロフィール」からは、**〝どんな理念に共感する人が受け入れられやすいか〟**、**〝価値を置いていること〟**が見てとれます。「社史」や「業績の推移」「組織図」からは、**〝企業のターニングポイント〟**、**〝規模感や成長ステー**

ジ〟、〝特に注力している事業〟などがイメージできるはずです。ほかにもイメージしやすい部分を左ページで紹介していますので、参考にしてください。②と③に関しても熟読は必須で、特に**③の企業のリクルーティングページは**、転職活動では見過ごされがちですが、新卒の人たちに向けて**事業内容や将来性などがわかりやすくまとめてあります**。企業の人材ニーズをイメージする際は、P86で紹介したように、「WILL」や「CAN」との接点を見つける視点で考えてみてください。

企業研究では、さまざまな情報を確認する必要がありますが、ぜひチェックしておきたいのは、**「業績の推移」**と**「社史」**。ここから**〝現在成長している企業かどうか〟**や、P68で紹介した**〝成長ステージ〟などがイメージできます**。というのも、成長企業であれば、事業拡大をしているので新規部署がつくられたり、部署が増設されたりするため新しいポジションが生まれて昇進しやすく、自らも成長できる環境があるからです。一方で売り上げが下がっている企業では、中途採用は基本的に欠員補充であり、早い段階で自身の成長を感じるのは難しい場合が多いのです。欠員補充が悪いわけではありませんが、欠員が出たのには何か理由があるということも頭に入れておきましょう。希望する企業に関する情報が不足しているときは、近いビジネスモデルの同業他社を研究すると、イメージが湧くかもしれません。

▶企業の情報をイメージするコツ

確認すること		イメージできること
✓創業者メッセージ、経営理念 ✓経営陣のプロフィール	イメージ ➡	**企業の哲学** ◎どんな理念に共感する人が受け入れられやすいか ◎価値を置いていること ◎将来的に目指していること
✓社史 ✓プレスリリース ✓業績の推移 ✓組織図、体制図 ✓社員数	イメージ ➡	**企業の状況** ◎企業のターニングポイント ◎規模感や成長企業かどうか、また、どの成長ステージにあるか ◎経営のなかで、特に注力している事業
✓商品・サービス ✓顧客群(取引先)	イメージ ➡	**必要なスキル** ◎業務に取り組むうえで必要なスキル、キャリア ◎取引相手が大手中心か、もしくはスモールビジネスかなど、顧客に応じた知識やスキル
✓社員の声 ✓人材育成の考え方 ✓SNS(企業の公式ブログなど)	イメージ ➡	**はたらく人の人物像** ◎望ましいとされる姿勢 ◎どんなキャリアビジョンをもつ人がマッチするか ◎社風にマッチする人物のタイプ

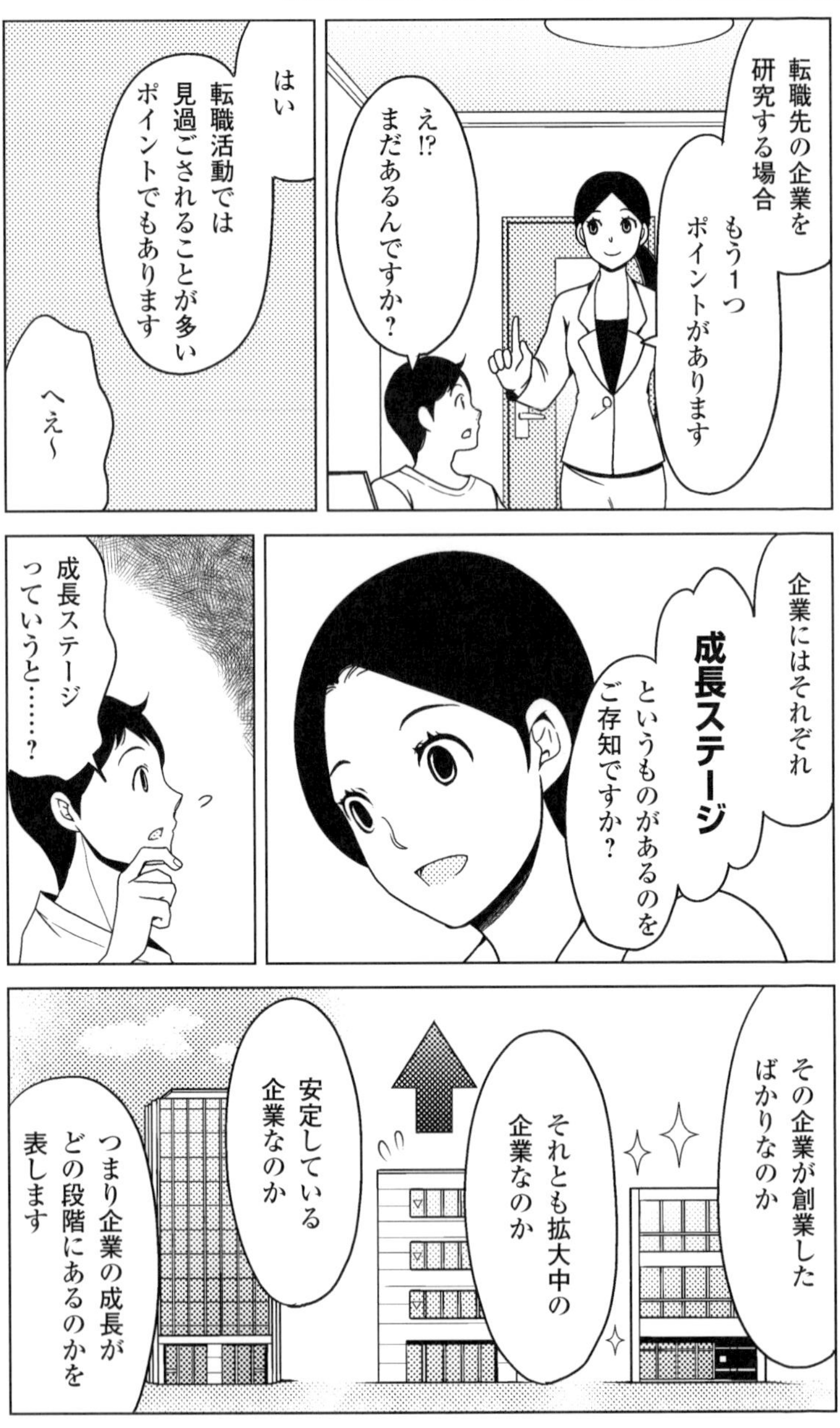
転職先の企業を研究する場合
もう1つポイントがあります
え!? まだあるんですか？
はい
転職活動では見過ごされることが多いポイントでもあります
へえ～
企業にはそれぞれ
成長ステージ
というものがあるのをご存知ですか？
成長ステージっていうと……？
その企業が創業したばかりなのか
それとも拡大中の企業なのか
安定している企業なのか
つまり企業の成長がどの段階にあるのかを表します

それって転職活動にどう影響するんですか？
それぞれの成長ステージによって求められる人材が変わってきます
例えば創業間もない企業であれば
人員が少ないのでいろいろなことを任せられる柔軟性のある人材が求められますし
拡大中の企業であれば積極的な事業展開に役立つ知識や経験が豊富な人材が重宝されたりします
なるほど
成長ステージによって自分の適性や希望とマッチするか考える必要があるってことですね？
その通りです

ピッ
なるほど 香山さんは 有能な方なんですね
当社では その力を発揮する環境が 整っていますし
やればやるほど 評価されるシステムも 充実していますよ
そうですか
入社していただける場合 いつからはたらけますか？
また 何かほかに 質問はありますか？
さて
ここから 運命の選択です
お ここで問題ですか
問題は なんでしょう

これまでのポイントを
踏まえ
香山さんの返答として
適切なものを
次の2つから選んでください
（1）
現在の業務があるので
2カ月程度は
いただければと思います
質問というか
もしお時間があれば
社内を見学させていただける
とありがたいのですが
可能でしょうか？
（2）
現在の業務があるので
2カ月程度は
いただければと思います
質問としては
就業時間と
社員の方々の平均年齢を
教えてください
これは（2）かな？
え？
私は（1）かと
思いますが
じゃあ
レディファーストで
いいんですか？
では……

先生（1）にします！
では正解の発表です
答えは（1）
質問というかもしお時間があれば社内を見学させていただけるとありがたいのですが可能でしょうか？
ええ　どうぞ
転職活動において社内見学をお願いするのは失礼ではなく
企業を知るという意味ではたらいている人たちの雰囲気を知ることはとても大切ですから
一度は見ることをおすすめします

逆に特に明確な理由もなく「見せられない」と言われたら……
少し疑ったほうがいいかもしれません
なるほど！社内を見れば勤務中の雰囲気がわかりますもんね
就業時間や社員の年齢など企業研究をすれば簡単にわかることをわざわざ質問するのはこのタイミングでなくてもよいでしょう
よくあるご質問
福利厚生
・住宅手当
・保険
・諸制度
わかりました
考えてみれば確かにそうですね……
ともあれお見事です！2つめのキー『企業研究』をゲットしました
企業研究
よっしゃ〜!!

COLUMN 3
森本先生の転職
ワンポイントアドバイス

未経験の仕事にチャレンジするには
学ぶ意欲を高めること！

転職する企業を考えるとき、「未経験の業界に挑戦してみたい。でも同じ業界のほうが、キャリアを評価してもらえるかも……」なんて悩むこともあるでしょう。

実は、求人の条件に「未経験者歓迎」とない企業でも、未経験者が入社できる可能性はあります。同業種の経験のせいで、かえって新しい風土になじめなかったり、既存の枠を超えられないという転職者は多く、未知の分野に挑戦する意欲や向上心を評価する企業も少なくないのです。異業種への転職を目指す人は、未経験でもすべてがマイナスになるわけではないと知っておきましょう。

また、仕事に必要なスキルは、異なる分野でも共通する要素は意外に多いのです。例えば、コミュニケーション能力やマネジメントスキルは業種が異なる場合でも活かせますし、問題に対する分析力や課題解決能力、プレゼンテーション能力なども同様です。

さらに、異なる業界や職種に挑戦するからこそ、ゼロから学ぼうという気持ちにもなり、自分の成長につながる機会にもなりえるのです。未知の業界に興味がある人は、綿密に自己分析と企業研究をおこなえば、成功がみえてきますので、興味があればあきらめず、チャレンジしてみましょう。

STAGE 4

PREPARE DOCUMENTS

自分を売り込む書類作成の極意

企業への恋文と理解せよ！

前のステージまでで分析＆研究した自分の「WILL」と「CAN」、企業の「MUST」をすべて書類に込めることができれば、内定へと一気に近づくはずです！

4-1 書類づくりの鉄則

もく もく
ピピピ
!
今回はご応募
残念ながら
お祈り申し上
また お祈りメールか……
不採用が続く 稲盛さん
3つめの物語です
彼女は書類選考で 数十社に落とされ続け 面接すら受けさせて もらえない状況です

こんなことってある？
そんなことってあるんですか？
うえ…
本人も同じように感じているようです
うーん
私の履歴書って何か問題あるのかな……
スカスカなところとギュウギュウなところのギャップが……
本人も悩んでいるようなので早速エージェントを投入してみましょう
なるほど
書類選考を通りやすい履歴書のコツが知りたいわけですね
転職エージェント
どうすればいいかわからなくて……

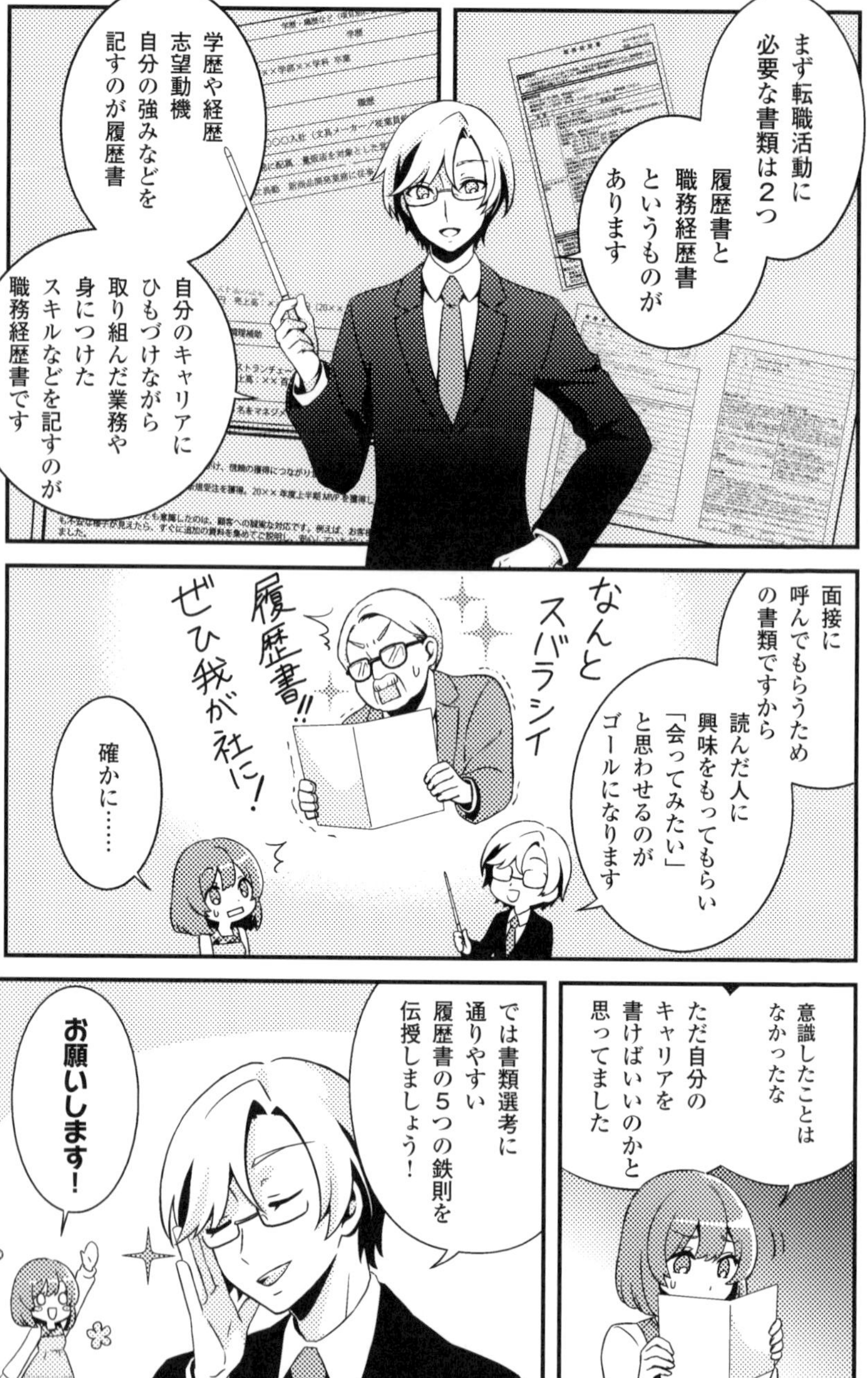
まず転職活動に必要な書類は2つ
履歴書と職務経歴書というものがあります
学歴や経歴 志望動機 自分の強みなどを記すのが履歴書
自分のキャリアにひもづけながら取り組んだ業務や身につけたスキルなどを記すのが職務経歴書です
面接に呼んでもらうための書類ですから
読んだ人に興味をもってもらい「会ってみたい」と思わせるのがゴールになります
なんとスバラシイ
履歴書!!
ぜひ我が社に!
確かに……
意識したことはなかったな
ただ自分のキャリアを書けばいいのかと思ってました
では書類選考に通りやすい履歴書の5つの鉄則を伝授しましょう!
お願いします!

鉄則① 全体で一貫したストーリーを描く
鉄則② 記述は具体的かつ端的に！
鉄則③ 志望動機や強みは企業に合わせる
鉄則④ 自らの意思（WILL）も忘れずに
鉄則⑥ 面接で聞いてほしいことは詳しく書く！
以上です
キリッ
すすす…
は、はあ……
理解しやすいように稲森さんの履歴書に沿って説明しましょうか

×月 ×日生（満29才）
（現住所以外に連絡を希望する場合のみ記入）
学歴・職歴など（項目別にまとめて記入）
東京都立○○中学校 入学
東京都立○○中学校 卒業
東京都立○○高校 入学
東京都立○○高校 卒業
私立××大学××学部××学科 入学
株式会社○○○○にて、ホール担当のアルバイトに従事
私立××大学××学部××学科 卒業
株式会社○○○○入社 第一営業部に配属
企画部に異動
人事部に異動
上司との人間関係が原因で退職
人事部に異動
平成× 10 普通自動車第一種免許 取得
平成× 3 カラーセラピスト資格 取得
平成× 8 スイーツコンシェルジュ資格 取得
平成× 9 日商PC検定3級 取得
得意な分野・科目
自覚している性格
特になし。
志望の動機
御社がおこなう企業の管理部門への営業は、私の営業経験はもちろん、幅広い業務に取り
アを活かせると思い、御社を希望しました。また企業理念に深く共感し、将来性をかんじまし
給与の高さや残業の少なさも魅力に感じました。
本人希望記入欄（特に給料・職種・勤務時間・勤務地・その他についての希望などがあれば記入）
給料は24万円以上いただければと思います。
約 1 時間 00 分
ダラダラ
スカスカ
ツラツラ
バーーン
なんですかコレは!!
はっきり言ってこれはダメなことだらけです！
ええっ！
どうしてですか？
うわああ
ああ
まず鉄則①の全体で一貫したストーリーを描くから考えて
志望動機には「幅広い業務に取り組んだキャリアを活かして～」とあるのに
自己PRでは「専門性を高めていくのが得意」と矛盾しており一貫していません！
ココ！
あホントだ

さらに鉄則②の記述は具体的かつ端的に！という点でも
このような抽象的な内容をツラツラと書いても何も伝わってきません
自覚している性格
興味をもったものはとことん追求する性
時期スイーツにはまり、スイーツコンシェル
を取りました。学生時代ですがギャンブル
いた時期には、かなりの金額の借金を
ります。反面、熱しやすく冷めやすいの
きてしまうことも多いです。あと優しい
ます。それはきっと人に優しくするのがすき
思います。ほかには元気があるとよく言わ
にかに落ち込むとか、ストレスを感じたりなど
経験は一切ありません。ほかには面倒見絵がいい、
のんびりしているとよく言われます。
いろいろ
きます。
特技、アピールポイントなど
分の強みや、業務の専門性を高めていくのが得
なことです。この強みのおかげで、いくつもの場面
まざまな方法で乗り切ることができました。
はあまり経験はありませんが、リーダーシップを取
とも得意です。なぜなら私は協調性があり、柔
性、主体性、責任感、忍耐力も十分にあるから
す。ぜひ御社ではマネジメントの経験も学ばせてい
ただければと思います。さらには計画性もあり、2つの
タスクを並行しておこなうこともできます。
もっと具体的な数字やエピソードを入れて簡潔に述べてください
ですからさきほどあげた鉄則を意識しないと
人を見抜くプロである人事担当者の目に留まることはできないのです
ぐたいてき！
かんけつに！
なるほど
スゴイ！なんかわかってきました！

4 書類作成 1

転職活動の成功の鍵を握る「履歴書」と「職務経歴書」

▼「履歴書」と「職務経歴書」は、最初に企業に提出するビジネス文書

転職活動の書類選考で提出する「履歴書」と「職務経歴書」。まずは、2つの概要をおさえましょう。**「履歴書」は、学歴など基本的なプロフィールを記載する**もの。インターネット上にたくさんの雛形の書式データがあり、紙で提出する場合は、A3判2つ折りサイズの雛形が市販されています。転職活動で登場する**「職務経歴書」は、在籍した企業の情報や担当業務、成果などを記すもの**。紙だとA4判1~2枚が基本で、市販の雛形もありますが、インターネット上にあるものを書き換えて使うことが一般的です。最近では紙ではなくデータでつくり、そのまま電子メールで提出する場合がほとんどですが、記入する内容はデータでも紙でも基本的には同じ。**ビジネス文書ですから、内容以前にマナーは非常に重要です**。担当者は何百何千という書類を見るので、マナーがないものは読む気が起こらず、当然不採用になります。用紙の汚れやシワ、誤字脱字、汚い文字などのないよう丁寧に作成しましょう。

履歴書　基本的なプロフィールを記載

雛形によって項目やスペースが異なるので、合うものを選んでください。

[記載する内容]

- 記入日
- 名前、住所、電話番号
- 学歴、職歴
- 免許、資格
- 志望動機
- 通勤時間、扶養家族数、配偶者の有無
- 強み、趣味、特技　など

例

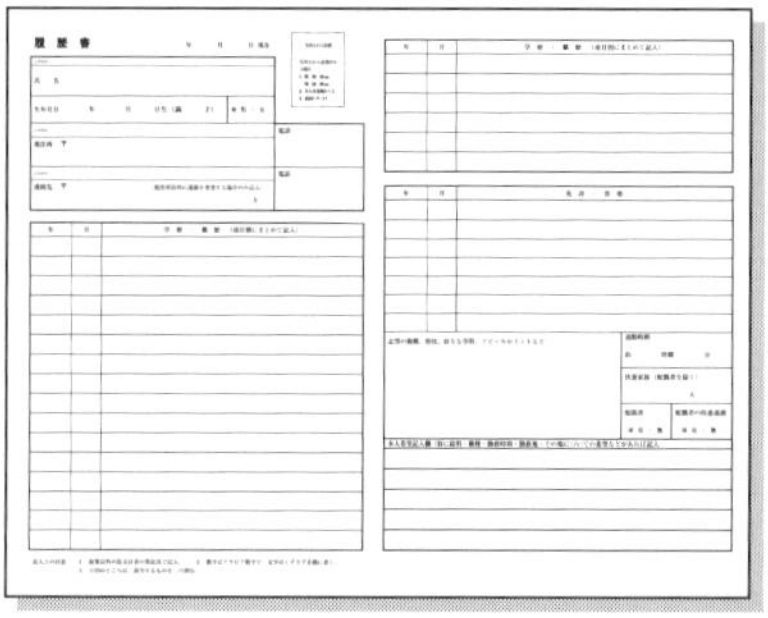

職歴記入欄が大きいものは、転職や異動の回数が多い人向き

職務経歴書　「キャリア」や「強み」などを詳細に記す

「編年体式」「キャリア式」という2つのまとめ方があります。詳細はP121へ。

[記載する内容]

- 職務要約
- 職務経歴
  - 会社概要
  - 配属支店、配属部署
  - 業務内容
  - 業績、成果
  - 独自に工夫、努力したこと
  - 組織構成
- 活かせる経験、スキル
- 自己PR

編年体式

キャリアの順に記していく一般的な書き方

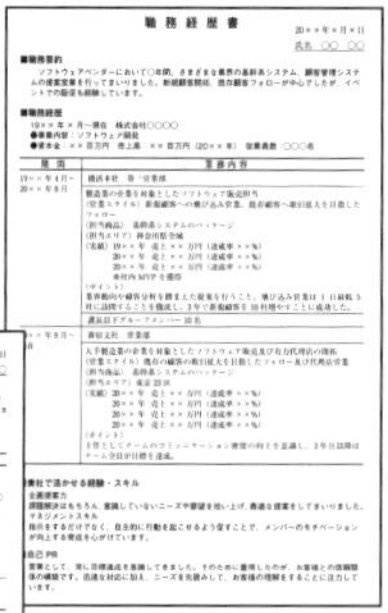

キャリア式

これまでのキャリアを内容別にまとめた書き方

4 書類作成
2

「履歴書」「職務経歴書」の目指すべきゴールとは？

▼書類作成は、常に読む人の視点に立って考える

「履歴書」「職務経歴書」の書き方のポイントに入る前に、書類のゴールや目的を考えてみましょう。書類選考のあとには面接がありますから、ゴールは、当然**「興味を引き、会ってみたい（＝面接をしよう）と思わせること」**。どんなに優れたキャリアをもつ人でも、この人に会ってみたいと思わせられなければ、面接には進めません。一方で、採用の条件には多少外れていても、企業の深い人材ニーズにマッチし、熱意があることを伝えられれば、会ってみたいと思わせることもできるのです。

「会ってみたい」と感じてもらうには、応募者が企業ではたらく姿や貢献している姿を担当者にイメージさせることが重要です。そのためには**〝読む人の視点に立つ〟ことが欠かせません**。採用担当者はさまざまな視点で「履歴書」「職務経歴書」を読みますので、常に「この書き方や記述内容を担当者がどう思うか」を考え、できる限り相手が望む情報を提供することを意識

▶書類のゴール

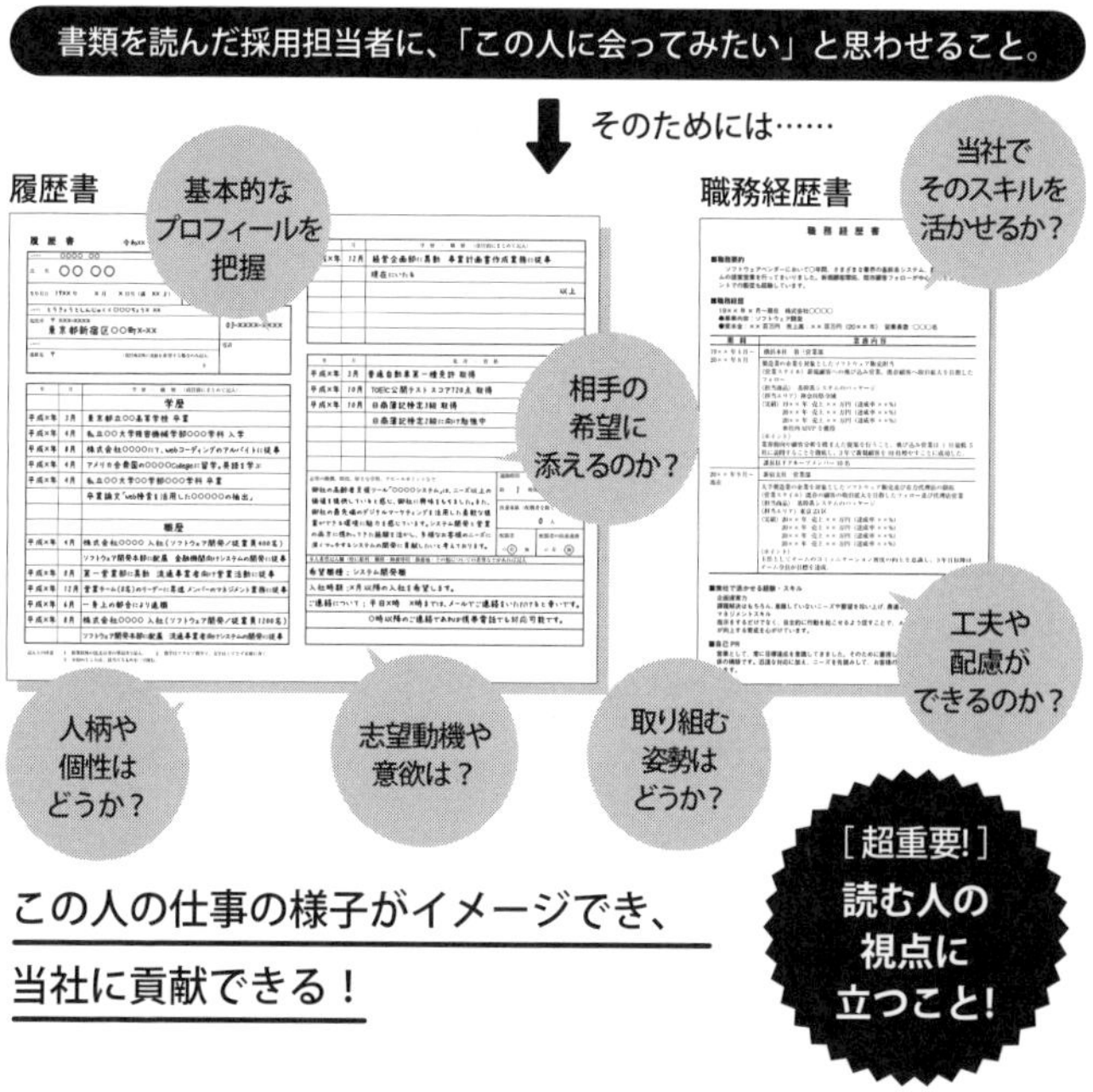
書類を読んだ採用担当者に、「この人に会ってみたい」と思わせること。
そのためには……
履歴書
職務経歴書
基本的なプロフィールを把握
当社でそのスキルを活かせるか？
相手の希望に添えるのか？
工夫や配慮ができるのか？
人柄や個性はどうか？
志望動機や意欲は？
取り組む姿勢はどうか？
この人の仕事の様子がイメージでき、
当社に貢献できる！
［超重要!］読む人の視点に立つこと!

しましょう。

　この〝読む人の視点に立つ〟意識があれば、空欄が多い書類（意欲が低い）や、逆にびっしりと書きすぎた書類、枚数が多すぎる書類（まとめるのが下手）がダメなことがわかると思います。

　書類作成で迷うことがあったら常に〝読む人の視点〟に立ち返り、**自分の書きたいことではなく、相手が求めることを書く、**ということを肝に命じておきましょう。

4 書類作成 3

絶対に外すことのできない書類作成の5つの鉄則

▼過不足なくアピールし、よい印象をあたえるために

続いては、「履歴書」「職務経歴書」に共通する最重要な〝鉄則〟を紹介します。

まずは①**「全体で一貫したストーリーを描く」**こと。例えば、「2つの書類の志望動機が異なる」「自己PRにあるスキルが業務と関係ない」などの矛盾があると、違和感をあたえてしまいます。ですから、基本的には**「○○の経験をして、○○を身につけ、○○をしたいと思い、実現のため志望している」**というストーリーから外れないことを意識しましょう。2つめは②**「記述は具体的、かつ端的に」**。「幅広い経験があります」など抽象的な表現では、経験の内容がわからず、説得力がありません。**数字や客観的な例を添える**など、具体的に記してください。ただし、ダラダラと書いても印象に残りませんから、重要な点を端的に書くのも重要です。

よく書類の使い回しはダメと言われるのは、③**「志望動機や強みは企業に合わせる」**ためです。まったく同じ特徴をもつ企業はありませんから、**志望動機やアピールするべき強みは自然**

履歴書・職務経歴書の鉄則

一. 全体で一貫したストーリーを描く

二. 記述は具体的、かつ端的に

三. 志望動機や強みは企業に合わせる

四. 自らの意思（WILL）も忘れずに

五. 面接で聞いてほしいことは詳しく書く

と異なるはずです。もし同じことしか書けないとしたら、それは企業研究不足です。

また、**④「自らの意思（ＷＩＬＬ）も忘れずに」⑤「面接で聞いてほしいことは詳しく書く」**も重要です。④については、取り組んだ業務や実績などをツラツラと並べた書類がよく見られますが、自慢の羅列に取られてしまう可能性があります。**将来のビジョンや入社後に取り組みたいこと、仕事への姿勢もしっかりとアピール**してください。書類選考を突破したら次は面接ですから、⑤も意識したいところ。**面接官に聞いてほしい、つまりアピールしたい内容は、なるべく多く書く**とよいでしょう。

▶Ⅰ.全体で一貫したストーリーを描く

よくあるのが、いくつかの Web サイトで調べた内容をつぎはぎにしている書類。これでは、ストーリーを描けず、表面的なものになってしまいます。そうならないためにも２つの書類で下記の流れをつくるよう意識してください。

［基本的な流れ］

❶ これまでに、こんなキャリアを積んできた

例 IT企業に入社し、7年間基幹システムの開発に従事し、部署を異動。その後システムの営業を４年間経験。

➡

❷ キャリアを通じ、こんなスキルを身につけた

例 システム開発では要件定義や外部設計のスキル、営業ではニーズを効率よくヒアリングするスキルを身につけた。

↙

❸ スキルをもとに、将来のこんなビジョンを描いた

例 開発と営業のスキルがあるので両方を活かせる現場、また、経営など広い視野をもてる場所ではたらきたい。

➡

❹ ビジョンを実現するため、この会社を選んだ

例 営業～開発まで一貫して担当できる体制、ベンチャー企業で経営陣との風通しのよい現場ではたらきたいと思った。

▶Ⅱ.記述は具体的、かつ端的に

あいまいな表現や、抽象的・主観的な説明だと、説得力がなく、印象にも残りませんから、数字や具体例など客観的な情報を入れましょう。とはいえ、説明が長くなると、一番伝えたい主張がぼやけてしまいます。

記入例

〈職務要約〉

✕ 数年にわたって、さまざまなシステム開発に従事。お客さまへの提案や見積もり作成、要件定義など、開発に関わるほとんどのフェーズを経験しました。

○ 金融機関向けシステム開発に5年従事。最初のプロセスである提案・要件定義から、納品後の保守まで一貫して経験しました。

▶Ⅲ.志望動機や強みは企業に合わせる

志望動機や強みは、自己分析で整理した「WILL」と「CAN」、企業研究で把握した「MUST」の接点を記します。業務に関係ないスキルや、その企業では活かせない意欲をアピールしても意味がありません。

［自分の動機・キャリア］

Ⓐシステム開発のスキル

Ⓑ企画部でのデータ分析

Ⓒメンバーマネジメントスキル

Ⓓ関係者との折衝

Ⓔ企画と営業のキャリアを活かしたい

Ⓕ経営者的な視点ではたらきたい

A社

営業から企画まで一貫した業務をするベンチャー企業

Ⓑ企画部でのデータ分析
Ⓓ関係者との折衝
Ⓔ企画と営業のキャリアを活かしたい
Ⓕ経営者的な視点ではたらきたい

B社

国に関わる大規模なシステム開発を行う大手の企業

Ⓐシステム開発のスキル
Ⓒメンバーマネジメントスキル
Ⓓ関係者との折衝

▶Ⅳ.自らの意思（WILL）も忘れずに

客観的な事実は重要ですが、加えて熱意や想いなども記すと、読む人に興味をもってもらいやすくなります。

▶Ⅴ.面接で聞いてほしいことは詳しく書く

転職活動におけるゴールは内定です。書類を作成しながらも、面接のことも想定をしながら書きましょう。

4 書類作成 4

「履歴書」「職務経歴書」に記入する要素とポイント

▼「職務経歴書」には〝年代順〟と〝キャリアごと〟という2種類のまとめ方がある

ここからは、「履歴書」「職務経歴書」に記す内容や、書き方の具体的なポイントを紹介していきます。

まず「履歴書」に書く要素は、**①記入日**、**②名前・住所・電話番号**、**③写真**、**④学歴・職歴**、**⑤免許・資格**、**⑥志望動機**、**⑦通勤時間・扶養家族数・配偶者の有無**、**⑧本人希望記入欄**の8つ。フォーマットによっては、趣味や自分の性格について書く欄があります。

特に**重要なのは**、**④学歴・職歴**、**⑥志望動機**。読む人にとって、この人がどんなキャリアを歩んできたのかという概要を確認するのが履歴書ですから、**社員としてはたらいた経歴はすべて記します**。派遣社員や契約社員、業務委託などの場合は、雇用形態とともに書きます。本来アルバイトは記入しませんが、1年以上の長期間であったり、アピールになったりするなら、むしろ付記をしておきましょう。⑥志望動機も、採用担当者がもっとも注目する項目の1つ。

自己分析と企業研究をしたうえで、**「この会社でなければいけない」理由をはっきりと書いてください**。どの企業にも当てはまる抽象的な内容だと、読みとばされてしまうでしょう。

「職務経歴書」には、決まった形式はありませんが、基本的な要素は**①職務要約、②会社概要、③配属支店・配属部、④役職・組織構成、⑤業務内容、⑥業績・成果、⑦独自に工夫・努力したこと、⑧活かせる経験・スキル、⑨自己PR**の9つです。

全体のまとめ方として、**キャリアを時系列で記す「編年体式」と、キャリアの内容ごとにまとめる「キャリア式」の2種類があります**。「編年体式」は、キャリアの流れが伝わりやすく、若手の人や、異動・転職の回数が少ない人など、シンプルな職歴に向いたまとめ方。こちらが一般的な職務経歴書の書き方です。それに対し、多数の異なる業界での経験があったり、専門性のある人に向いているのが「キャリア式」です。応募する企業の業務と関連のある経験を前半に詳しくまとめ、関連性の低いものは後ろにシンプルに書くことで、スキルや経験を自然にアピールできるというメリットがあります。また、転職回数の多い人は、それを目立たなくする効果もあるでしょう。ただし、ほとんどの応募者が「編年体式」を使うため、「キャリア式」は読みにくいと判断される可能性もあります。どちらを使うべきかは、自分のキャリアを見て判断しましょう。

▶履歴書の記載内容

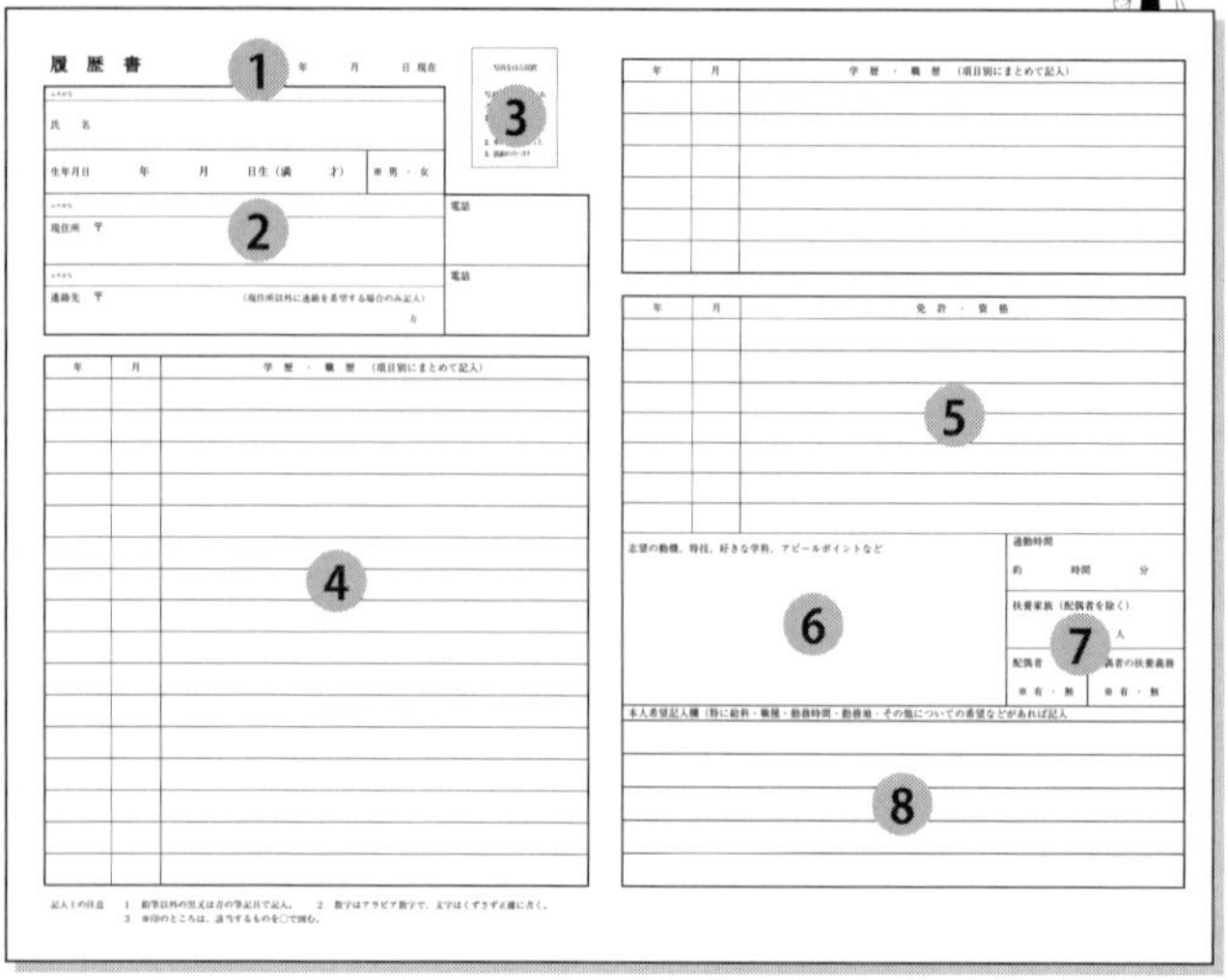

1 記入日

郵送やデータ送付なら送った日付を、持参するならその日付を記入する。

2 名前、住所、電話番号

名前の漢字は省略せず、戸籍にある正しい字体を書く。住所はマンション名まで入れる。

3 写真

データなら、JPEG などのデータをはる。紙なら3カ月以内に撮影したものをはり、のりでとめる。

4 学歴、職歴

基本的には中学校卒業からだが、スペースによって、中卒、高卒、大卒のどこから書くかを決める。

5 免許、資格

取得順に記入。応募企業に関係ないものは、書いてもあまり意味がない。

6 志望動機

応募する企業に合わせて、なぜ自分はその会社を志望したのかを書く。

7 通勤時間、扶養家族数、配偶者の有無

自宅から会社までにかかる時間や配偶者がいるかどうかなどを書く。

8 本人希望記入欄

連絡手段（メールや電話など）や入社時期など、伝達事項を記入する。

▶職務経歴書の記載内容

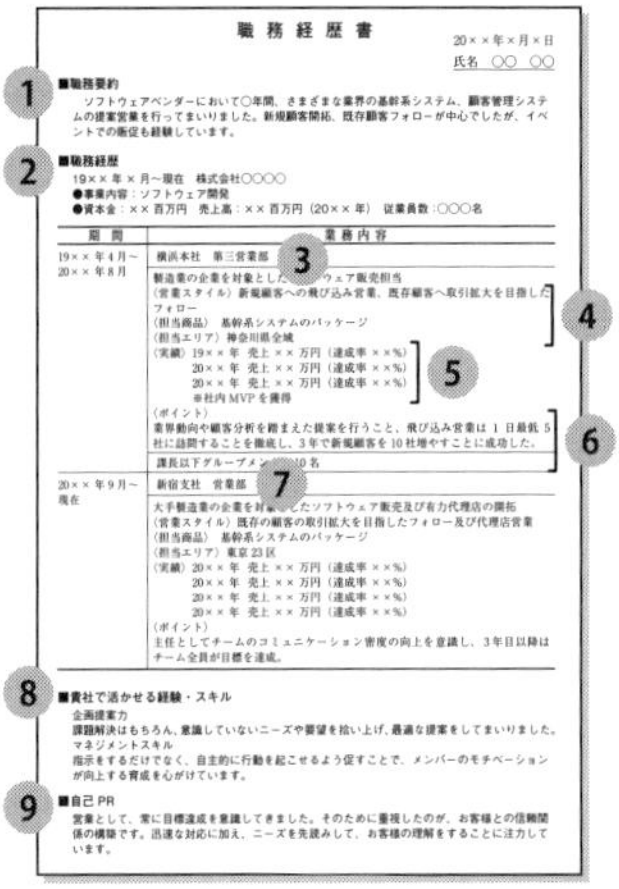

職務経歴書

20××年×月×日
氏名　○○　○○

1 ■職務要約
ソフトウェアベンダーにおいて○年間、さまざまな業界の基幹系システム、顧客管理システムの提案営業を行ってまいりました。新規顧客開拓、既存顧客フォローが中心でしたが、イベントでの販促も経験しています。

2 ■職務経歴
19××年×月～現在　株式会社○○○○
●事業内容：ソフトウェア開発
●資本金：××百万円　売上高：××百万円（20××年）　従業員数：○○○名

期間	業務内容
19××年4月～ 20××年8月	横浜本社　第三営業部　3
	製造業の企業を対象とした　ウェア販売担当 〈営業スタイル〉新規顧客への飛び込み営業、既存顧客へ取引拡大を目指したフォロー 〈担当商品〉　基幹系システムのパッケージ 〈担当エリア〉神奈川県全域　4 〈実績〉19××年　売上××万円（達成率××%） 20××年　売上××万円（達成率××%） 20××年　売上××万円（達成率××%） ※社内MVPを獲得　5 〈ポイント〉 業界動向や顧客分析を踏まえた提案を行うこと、飛び込み営業は1日最低5社に訪問することを徹底し、3年で新規顧客を10社増やすことに成功した。
	課長以下グループメン　10名　6
20××年9月～ 現在	新宿支社　営業部　7
	大手製造業の企業を対　したソフトウェア販売及び有力代理店の開拓 〈営業スタイル〉既存の顧客の取引拡大を目指したフォロー及び代理店営業 〈担当商品〉　基幹系システムのパッケージ 〈担当エリア〉東京23区 〈実績〉20××年　売上××万円（達成率××%） 20××年　売上××万円（達成率××%） 20××年　売上××万円（達成率××%） 20××年　売上××万円（達成率××%） 〈ポイント〉 主任としてチームのコミュニケーション密度の向上を意識し、3年目以降はチーム全員が目標を達成。

8 ■貴社で活かせる経験・スキル
企画提案力
課題解決はもちろん、意識していないニーズや要望を拾い上げ、最適な提案をしてまいりました。
マネジメントスキル
指示をするだけでなく、自主的に行動を起こせるよう促すことで、メンバーのモチベーションが向上する育成を心がけています。

9 ■自己PR
営業として、常に目標達成を意識してきました。そのために重視したのが、お客様との信頼関係の構築です。迅速な対応に加え、ニーズを先読みして、お客様の理解をすることに注力しています。

1 職務要約

職務経歴の概要を3～4行程度にまとめる。特にアピールしたい内容を記載。

2 会社概要

事業内容や資本金、売上高、従業員数など、勤務した会社のデータを書く。

3 配属支店、配属部

部署名だけでは業務内容が伝わりにくい場合は、配属支店などで補足説明を。

4 役職・組織構成

所属した組織の構成や規模、そのなかでの自分のポジションなどを記す。

5 業務内容

担当した業務や、取り扱った商品の名前を具体的に紹介する。

6 業績、成果

数字やデータを使って説明。表彰歴があれば、初見でもどの程度の賞かわかるように入れる。

7 独自に工夫したこと

業務のなかで、自分なりに工夫したこと、また、その結果を記載する。

8 活かせるスキル、経験

自分が培ってきたスキルや経験のなかで、応募した企業で活かせるもののみを書く。

9 自己PR

ここまで記載したスキルや実績以外でアピールしたい強みや姿勢などを紹介する。

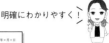

履歴書の記入実例①

履 歴 書　　令和XX 年　X 月　X 日 現在

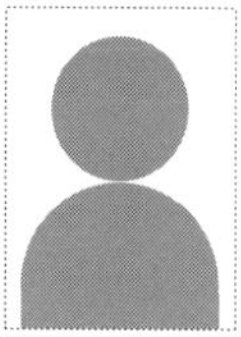

ふりがな　○○○○　○○

氏　名　**○○ ○○**

生年月日　19XX 年　X 月　X 日生（満　XX 才）　※男・女

ふりがな　とうきょうとしんじゅくく○○○ちょうX XX

現住所　〒 XXX-XXXX
東京都新宿区○○町X-XX

電話　03-XXXX-XXXX

ふりがな

連絡先　〒　（現住所以外に連絡を希望する場合のみ記入）　方

電話

\CHECK/
中学校卒業が基本。スペース次第では高卒・大卒からでも。

\CHECK/
アピールになればアルバイトをいれても。

\CHECK/
留学は国名、校名、学習内容を。卒論もアピールになれば入れる。

年	月	学歴・職歴（項目別にまとめて記入）
		学歴
平成X年	3月	東京都立○○高等学校 卒業
平成X年	4月	私立○○大学精密機械学部○○○学科 入学
平成X年	8月	株式会社○○○○にて、webコーディングのアルバイトに従事
平成X年	4月	アメリカ合衆国の○○○○Collegeに留学。英語を学ぶ
平成X年	4月	私立○○大学○○学部○○○学科 卒業
		卒業論文「web検索を活用した○○○○○の抽出」
		職歴
平成X年	4月	株式会社○○○○ 入社（ソフトウェア開発／従業員400名）
		ソフトウェア開発本部に配属 金融機関向けシステムの開発に従事
平成X年	8月	第一営業部に異動 流通事業者向け営業活動に従事
平成X年	12月	営業チーム（8名）のリーダーに昇進 メンバーのマネジメント業務に従事
平成X年	6月	一身上の都合により退職
平成X年	8月	株式会社○○○○ 入社（ソフトウェア開発／従業員1200名）
		ソフトウェア開発本部に配属 流通事業者向けシステムの開発に従事

\CHECK/
知名度が低い会社は業種と従業員数も書く。

POINT1　POINT2　POINT3　POINT4

記入上の注意　1．鉛筆以外の黒又は青の筆記具で記入。　2．数字はアラビア数字で、文字はくずさず正確に書く。
3．※印のところは、該当するものを○で囲む。

POINT1 勤務に関するさまざまな記入法

会社が合併したケースやアルバイトから入社したケース、正社員以外の雇用形態で勤務したケースなどの定型的な書き方。

勤務企業の合併	アルバイトから正社員	派遣での勤務
「会社合併により○○○株式会社に転籍」	「アルバイトとして入社→正社員として登用」	「株式会社○○入社(派遣社員として)」

勤務企業の社名変更	長期の離職
「株式会社○○○(現:○○○株式会社)」	「一身上の都合により退職○○のため専門学校に通学」

POINT2 価値の高い経験は積極的に記入

ステップアップとなった職務変更や、新規事業の立ち上げ、メンバーのマネジメントなどは積極的に記入。

POINT3 入社のさまざまな記入法

一般的な企業であれば入社で構いませんが、公務員や個人事務所、医療機関、独立などは定型の書き方がありますので、注意しましょう。

- 公務員 › 奉職
- 個人事務所 › 開設
- 医療機関 › 勤務
- 独立 › 開業

POINT4 退職の記入法

リストラや契約満了、自己都合など退職の仕方によって、いくつかの定型的な書き方があります。

リストラ・倒産	派遣・契約満了	自己都合退職
「会社都合により」	「契約期間満了のため」	「一身上の都合により」

履歴書の記入実例②

年	月	学歴・職歴（項目別にまとめて記入）
平成×年	12月	経営企画部に異動　事業計画書作成業務に従事
		現在にいたる
		以上

\CHECK/
「現在にいたる」「以上」も必須

年	月	免許・資格
平成×年	3月	普通自動車第一種免許 取得
平成×年	10月	TOEIC公開テスト スコア720点 取得
平成×年	10月	日商簿記検定3級 取得
		日商簿記検定2級に向け勉強中

POINT5

\CHECK/
勉強中の資格は資格欄に

POINT6

志望の動機、特技、好きな学科、アピールポイントなど

御社の高齢者支援ツール「○○○○システム」は、ニーズ以上の価値を提供していると感じ、御社に興味をもちました。また、御社の最先端のデジタルマーケティングを活用した柔軟な提案ができる環境に魅力を感じています。システム開発と営業の両方に携わってきた経験を活かし、多様なお客様のニーズに深くマッチするシステムの開発に貢献したいと考えております。

通勤時間	約 1 時間 00 分
扶養家族（配偶者を除く）	0 人
配偶者	※（有）・無
配偶者の扶養義務	※ 有・（無）

本人希望記入欄（特に給料・職種・勤務時間・勤務地・その他についての希望などがあれば記入

希望職種：システム開発職

入社時期：×月以降の入社を希望します。

ご連絡について：平日×時　×時までは、メールでご連絡をいただけると幸いです。

○時以降のご連絡であれば携帯電話でも対応可能です。

POINT7

POINT5 免許・資格、趣味欄の記入法

取得が難しい資格でなければ、業務と関連のあるものを記入。レベルの低いものは×。趣味はなるべく具体的に書くと、面接官と会話が盛り上がるきっかけになる可能性が。

＼記入OKなレベルの資格／

英検	3級以上
TOEICスコア	3年以内の600点以上
簿記	3級以上

POINT6 志望動機のコツ

P117 の鉄則 2 にある通り、できる限り具体的に、自分の「WILL」「CAN」、企業の「MUST」の接点を自分の言葉で語ってください。どんな企業にも当てはまるようなものは、興味を引くことができないでしょう。

＼NGワード／

御社の将来性にひかれました。
どんな将来性があり、なぜひかれた？

御社の企業理念に共感しました。
どの企業理念に、なぜ共感した？

私の経験を活かせると思いました。
どの経験をどんな風に活かせる？

給与の高さに魅力を感じました。
給与が高ければ他社でもよい？

御社で○○の知識を学びたいと思いました。
学校じゃない。貢献できることは？

POINT7 本人希望記入欄の活用法

余計なリスクを避けるため、「親の介護により○○(勤務地) から離れられない」ぐらいの明確な理由がない限り、希望は書かないほうが賢明です。ここは企業への伝達事項を記入する欄程度に考えてください。例えば、「○時～○時まではメール、○時以降は電話」といった連絡手段なら問題ないでしょう。

＼NG／
- 給与額の希望
- 明確な理由のない勤務地の希望

＼OK／
- 複数の職種を募集している際は希望の職種
- メールや電話などの連絡手段
- 入社時期の希望

編年体式 これまでのキャリアを時系列に沿って記載するスタンダートな書式。基本的にはこちらを使いましょう。

職 務 経 歴 書

20××年×月×日

氏名　○○　○○

POINT1

■職務要約

ソフトウェアベンダーにおいて○年間、さまざまな業界の基幹系システム、顧客管理システムの提案営業を行ってまいりました。新規顧客開拓、既存顧客フォローが中心でしたが、イベントでの販促も経験しています。

■職務経歴

POINT2

19×× 年 × 月～現在　株式会社○○○○

●事業内容：ソフトウェア開発

●資本金：×× 百万円　売上高：×× 百万円（20×× 年）　従業員数：○○○名

期　間	業務内容
19×× 年 4 月～ 20×× 年 8 月	横浜本社　第三営業部
	製造業の企業を対象としたソフトウェア販売担当 〈営業スタイル〉新規顧客への飛び込み営業、既存顧客へ取引拡大を目指したフォロー 〈担当商品〉 基幹系システムのパッケージ 〈担当エリア〉神奈川県全域 〈実績〉19×× 年　売上 ×× 万円（達成率 ××%） 20×× 年　売上 ×× 万円（達成率 ××%） 20×× 年　売上 ×× 万円（達成率 ××%） ※社内 MVP を獲得 〈ポイント〉 業界動向や顧客分析を踏まえた提案を行うこと、飛び込み営業は 1 日最低 5 社に訪問することを徹底し、3 年で新規顧客を 10 社増やすことに成功した。
	課長以下グループメンバー 10 名
20×× 年 9 月～ 現在	新宿支社　営業部
	大手製造業の企業を対象としたソフトウェア販売及び有力代理店の開拓 〈営業スタイル〉既存の顧客の取引拡大を目指したフォロー及び代理店営業 〈担当商品〉 基幹系システムのパッケージ 〈担当エリア〉東京 23 区 〈実績〉20×× 年　売上 ×× 万円（達成率 ××%） 20×× 年　売上 ×× 万円（達成率 ××%） 20×× 年　売上 ×× 万円（達成率 ××%） 20×× 年　売上 ×× 万円（達成率 ××%） 〈ポイント〉 主任としてチームのコミュニケーション密度の向上を意識し、3 年目以降はチーム全員が目標を達成。

■貴社で活かせる経験・スキル

POINT3

・企画提案力

課題解決はもちろん、意識していないニーズや要望を拾い上げ、最適な提案をしてまいりました。

・マネジメントスキル

指示をするだけでなく、自主的に行動を起こせるよう促すことで、メンバーのモチベーションが向上する育成を心がけています。

■自己 PR

営業として、常に目標達成を意識してきました。そのために重視したのが、お客様との信頼関係の構築です。迅速な対応に加え、ニーズを先読みして、お客様を理解することに注力しています。

POINT4

キャリア式 業務の内容ごとに分けて、記載していく書式です。転職回数が多い人や経験業務が多岐にわたる人はこちら。

職務経歴書

20××年×月×日

氏名　○○　○○

POINT1

■職務要約

小売店での接客サービスを×年間経験し、営業職として主に個人向けの新規開拓営業に携わりました。20代〜80代と、幅広い年代のお客様と直接接するなかで、臨機応変にコミュニケーションをする力が身につきました。

■営業職に関する職務経歴

POINT2

期間	業務内容
20××年12月〜現在	株式会社○○○○ ◆事業内容：住宅リフォーム ◆資本金：××百万円　売上高：××百万円（20××年） ◆従業員数：○○○名 〈営業スタイル〉個人向けの新規開拓営業　〈担当エリア〉東京23区 〈担当商品〉住宅リフォームのプランニング提案 〈実績〉20××年　売上××万円（達成率××%） 20××年　売上××万円（達成率××%） ※上半期MVPを獲得
	・戸別訪問営業によりリフォームのプランニングを提案 ・ポスティングチラシの反響への対応

■接客サービス職に関する職務経歴

期間	業務内容
19××年×月〜20××年8月	株式会社○○○○ ◆事業内容：ファストフード店の運営 ◆資本金：××百万円　売上高：××百万円（20××年） ◆従業員数：○○○名
	ホールでの接客、レジ、調理補助
20××年10月〜20××年8月	株式会社○○○○ ◆事業内容：ファミリーレストランチェーンの運営 ◆資本金：××百万円　売上高：××百万円（20××年） ◆従業員数：○○○名
	副店長としてアルバイト14名をマネジメント

■貴社で活かせる経験・スキル

POINT3

・スピーディーな対応力
　顧客の相談は即日に回答することを心がけ、信頼の獲得につながりました。
・分析力
　顧客の年代に合わせた提案を行い、新規受注を獲得。20××年度上半期MVPを獲得しました。

■自己PR

営業をするなかでもっとも意識したのは、顧客への誠実な対応です。例えば、お客様に少しでも不安な様子が見えたら、すぐに追加の資料を集めてご説明し、安心していただけるよう努めました。

POINT4

POINT 1　「職務要約」は読む人をグッと引きつける大事な“ツカミ”

経歴のなかで特にアピールしたい「メインとなるキャリアや強み」を短く紹介します。有効なキーワードを入れることで、採用担当者を「読む気」にさせることができるはずです。

重要
- **100文字から、長くても200文字程度**
- **相手企業の欲しい情報を意識**
- **「業界」「業務」「期間」を書く**

＼記入例／

オフィス機器のリースメーカーにて8年間、飛び込み営業を行ってまいりました。コスト削減を提案するスキルがあります。また、営業チームのリーダーとして、メンバーに合わせた営業スタイルの育成にも取り組みました。

POINT 2　“5W1H”でまとめた業務内容を見やすく記す「職務経歴」

5W1Hを使うと便利です。まずキャリアを5W1Hに分解し、志望企業の 5W1Hも書き出します。２つの共通する部分がアピールする部分になります。

5W1H	キャリア（文具の営業）	志望企業（不動産の営業）
When いつ、商談や担当の期間など	もっとも長い期間担当したのは、配属時から8年間ずっとフォロー	見込みの新規顧客は1〜3カ月程度 受注済みの顧客に関しては長期間担当するそう
Where どこで、担当したエリアなど	南関東エリアを担当　共通点	首都圏を担当すると思われる
What 何を、扱った商材など	文具	新築マンション
Who 誰に、顧客層など	量販店のバイヤー コンビニのバイヤー　共通点	最終的なユーザーは、30代のファミリー層と思われる
Why なぜ、業務の目的など	新商品の売り上げ拡大 新規顧客を開拓するため	新規顧客を開拓するため
How どのように、自分の工夫など	月に1度は顧客の企業を訪問し、企業に合わせた販促を提案。商品以外の部分でも相談に乗る。	モデルルームへの来場者にも営業してはどうか

POINT3 「活かせる経験・スキル」では普遍的な「CAN」をアピール

「活かせる経験・スキル」は、P64で紹介した「CAN」の出番です。おすすめの書き方としては、「○○力」「○○○スキル」と箇条書きのように記し、その下に具体例をあげて説得力をもたせるといいでしょう。もちろん、応募する企業で活かせるかどうかは一度考えてから。

＼記入例／

スピーディーな対応力

顧客から連絡を受けたら、即日の回答を心がけました。迅速な対応により、信頼獲得につながりました。

マネジメントスキル

自主的に行動できるような指導を意識。15チーム中、チームの新規顧客獲得数で、年間1位を獲得しました。

POINT4 ここまでで伝えられなかった魅力をアピールする「自己PR」

ポイントはなるべく具体的に書くこと。「行動→結果→身につけたスキル」の順で書くと、採用担当者に、「当社でも再現できる」と思わせることができるでしょう。ただし、自慢と思われないように書き方には注意。

重要

- **売り上げなどの数値で説得力UP**
- **具体的な行動と習得化したスキルで再現性を訴求**
- **自慢の羅列にならないよう注意**

＼記入例／

商品販売において、お客さまを意識した売り場づくりをおこなってきました。信頼関係のある常連のお客さまに売り場の感想をうかがい、反映していきました。結果、売り上げは前年と比べ、150％アップ。「お客さま目線を常に考える」習慣が身についたと思います。

メンバーの進捗状況をまとめ、部内のSNSで発表するという取り組みを自ら提案し、実施しました。するとすぐに効果が出始め、役割分担がスムーズに進み、2カ月後には部内の残業時間を40％削減することができました。メンバー間の作業量の調整は自分の強みだと考えております。

4 書類作成
5

職種や業界別！面接に呼ばれる書類のポイント

職種・業界別に、「履歴書」「職務経歴書」を書く際に欠かせない要素やポイント、アピールするべきトピックを紹介していきます。書類作成に取りかかる前に、一度はチェックして！

▶営業職

鍵は活動から成果のストーリーと自分なりの営業戦略

営業職で必須の要素は、扱った「商材」の詳細、顧客数や目標達成率などの「実績」、個人や法人などの「販売先」の詳細、新規開拓か既存顧客のフォローかなどの「営業スタイル」の4つ。これらに加え、自分なりの営業戦略も交えながら、「活動内容→工夫→成果」が流れで理解できるように記載しましょう。

［必須の要素］

商材 **実績** **販売先** **営業スタイル** など

＼POINT／
- 原則は「活動内容→工夫→成果」を流れで説明すること
- 上記に加え、「営業の戦略や工夫」「顧客との関係構築方法」「チーム内の役割」なども書く

アピールしやすいスキル、経験

・企画提案力
何を求める相手に、どのように提案をしたのかを明確に。

・課題解決力
解決までの論理を説明し、再現できることをアピール。

・交渉力
相手の立場、関係性などから、交渉内容まではっきりと。

・他部門との協働
自分の立ち位置、他部門との関係性までしっかりと書く。

▶販売・サービス職

店舗の運営には幅広い職場で活かせるスキルがたくさん！

「接客スキル」をアピールする場合、客層によってスタイルが異なるのでなるべく具体的に。異業種を目指す場合は役立つスキルが少ないと思いがちですが、右にあげたように店舗運営には普遍的なスキルがたくさんあります。

［必須の要素］
規模　形態　客層　管理した人　接客スタイル　など

\POINT/
・接客については、できる限り具体的に
・売り上げアップなどの成果は、プロセスもセットで

アピールしやすいスキル、経験

・計数管理
売り上げや利益率などをまとめ、経営状態の分析をした経験を。

・業務改善
オペレーションの見直しや業務改善で効率化を図ったこと。

・企画立案・実行
販促のキャンペーンやイベントなどの企画や実施について。

・マーケティング
トレンドを察知するスキルなど。

▶企画・マーケティング・事務職

企業ごとに取り組む業務がまったく異なることを頭に入れて！

企業によって業務内容が異なるので、取り組んだプロジェクトの概要、担当業務、得意な分野などを明確に。また、実績が数字で表現しにくいので、論理的な企画力やクライアントとの関係などを具体的に書いてください。

［必須の要素］
商品・サービス情報　プロジェクトの詳細　担当業務　実績データ　PCスキル　など

\POINT/
・取り組んだ業務内容は明確に
・得意な業務もしっかりアピール

アピールしやすいスキル、経験

・企画力
発想力などよりも、データやコストを踏まえたものだと◎。

・プレゼンテーション力
業務としておこなうこともあり、文章作成のセンスも重要。

・クライアントとの関係性
クライアントと近い関係性を築いた経験は高評価。

・コスト削減
事務職でも、数字でのコスト削減はアピールしやすい。

▶管理部門

担当した範囲やレベルを明確にしてアピール

同職種の転職の場合、「業務改善の実例→成果」をアピールすると、ほかの応募者と差別化しやすいはず。異業界を目指すなら、「規模」や「体制」が近い企業を狙い、転職先でも活かせるスキルを強調して伝えると◎。

［必須の要素］

会社概要 経験業務 業務のデータ(採用人数など)
マネジメント経験 など

＼POINT／

・手掛けた業務内容はできる限り詳細に
・採用人数、コスト削減率など数字があると◎
・多くの人が似た書類になりやすいので、差別化が重要

アピールしやすいスキル、経験

・業務改善の実例
「効率化」「システム導入」などは評価されやすい経験。

・決算資料の作成
「月次決算」「年次決算」など担当した業務の範囲は明確に。

・社内制度の導入
制度を構築した経験は高評価。

・社内管理
関わった業務はすべて記入すること。

▶機械系技術職

技術力に加え、ヒューマンスキルもアピール

技術職の場合、もっとも重要なのが実務経験。読む人が理解しやすいよう、工程のなかで自分が関わった範囲やどの程度裁量権があったかまで、詳細に記入しましょう。また、ヒューマンスキルも意外と評価されるポイント。

［必須の要素］

要素技術 開発環境 開発製品
プロジェクト規模 自分の役割 など

＼POINT／

・関わった工程の範囲や裁量権などはなるべく細かく
・ヒューマンスキルのアピールも重要

アピールしやすいスキル、経験

・要素技術の詳細
伝わらないと意味がないので、平易な表現で、具体的に。

・使用ツール
求人企業の業務とマッチするかどうかは選考のポイント。

・コミュニケーション
コミュニケーションの工夫は必ず記載。

・マネジメント
チームの規模やポジションをアピール。

▶IT系技術職

関わった期間やスキルレベルなど技術力を具体的に

経験は細かくチェックされるため、「開発や作業をした環境やシステム」「クライアントの業界」「担当した工程」「プロジェクトの規模と自分の役割」などは必須の要素です。さらに、スキルのレベルまで記しましょう。

［必須の要素］

開発環境・システム **クライアント** **担当工程** **自分の役割** など

\POINT/
・専門性が問われるので、スキルレベルは細かく記入
・自分の関わった工程を明確に

アピールしやすいスキル、経験

・言語、DB、OSのスキルレベル
「PHP」「Java」「MySQL」「Linux」については、活用して業務に携わった期間と、スキルレベルを詳細に。

・調整力
多くの人が関わるので調整力は重要なアピールポイントに。

・折衝力
具体的な行動と、それによる成果をセットで記すこと。

▶金融・不動産系専門職

自分の軸となる分野を明確にし専門性をアピール

「専門とする分野」「関わったプロジェクト」「成果」の３つが重要。金融業界なら対象顧客層や扱った金融商品、課題を解決した経験を、不動産業界ならプロジェクトの規模や自分の役割を記します。

［必須の要素］

必須の要素 **商材や案件** **実績** **プロジェクト規模** **自分の役割** など

\POINT/
・人によって業務内容が異なるため、できる限り具体的に

アピールしやすいスキル、経験

・成果、実績
数字はもちろん、アピールできるものを明確に。

・課題解決力
対象顧客層や金融商品、解決した手法をはっきりと。

・人脈
土地や不動産の仕入れ担当なら、人脈もアピール材料に。

・情報ネットワーク
自分だけの独自の情報ネットワークがあると非常に強い。

4 書類作成
6

困ったらチェックして！書類作成のQ&A

書類作成をするなかで、多くの人が困る12個のポイントをQ&A形式で紹介します。
何を書くべきかわからなくなったら、チェックしてみましょう！

Q 01 最近多く見られるWebでの転職エントリーをする際の注意点は？

A 記号などを使って、読みやすい書式を意識

本章で紹介したポイントを守って記入すれば問題ありません。ただし、長い文章は読みにくいので、〈〉【】●などを使って、読みやすくしましょう。

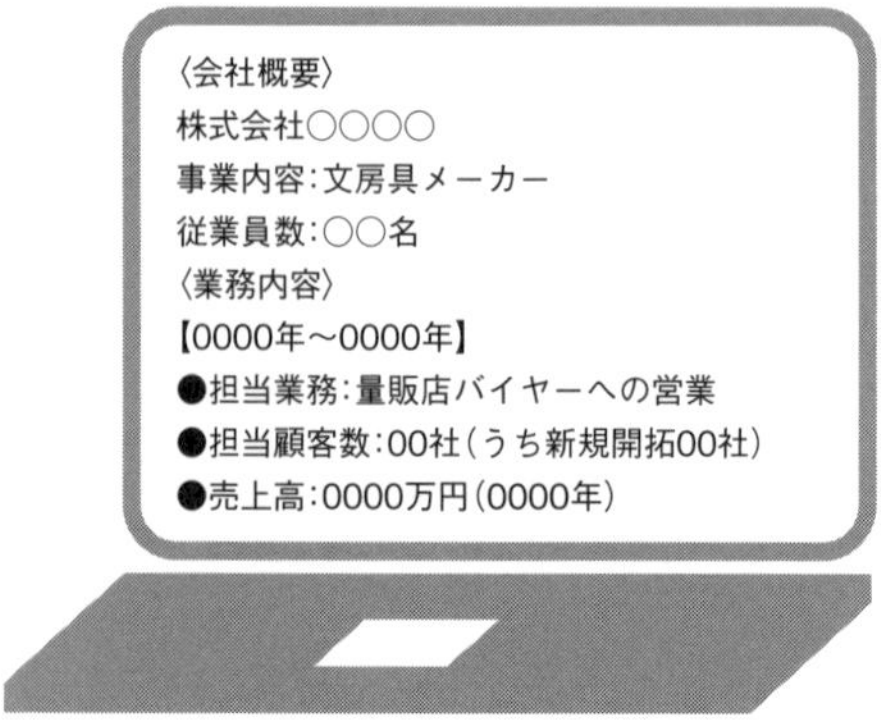

Q 02 未経験の業種・職種に応募するときのコツは？

A 知ってて当たり前と思うのは危険！わかりやすい表現が必須

志望企業の担当者は応募者が担当してきた業務に詳しくない可能性が高いので、初めての人が読んでもわかる表現にすることが重要です。業務の位置づけや進め方、工夫などを具体的に、わかりやすく紹介してください。

Q 03 同じ企業、部署の在籍期間が長く、書くことがない……どうすればいい？

A 志望企業に貢献できるスキルと、「変化への対応力」をアピール

志望企業で活かせるスキルやキャリアを中心に書き、それ以外はコンパクトにまとめるのが原則。さらに、部門異動や出向、転勤などの経験があれば、変化への対応力をアピールできるとよいでしょう。

Q 04 キャリアに一貫性がない人はどうする？

A 業務はバラバラでも自分なりの「軸」を伝えよう

業種・職種がバラバラだと無計画な印象をあたえてしまうので、例えば、「多くの人を巻き込む仕事」「独自のアイデアが必要な仕事」など、自分なりの「軸」を伝えるのが正解。書き方としては、志望企業になるべく近いキャリアを重点的に記すこと。

Q 05 派遣社員から正社員を目指すときのポイントは？

A 派遣社員に足りないと思われがちな主体性と意欲を表現

派遣社員は「指示をこなすだけ」と思われがちなので、主体的に取り組んだ経験をアピールしましょう。また、正社員を目指す理由は必ず聞かれる質問なので、事前に正社員としてはたらく意欲があることもアピールしてください。

06 リストラや倒産の場合、退職理由は正直に言うべき？

A 詳しいことを書く必要はなく言い訳じみたことは言わないこと

基本的には、「会社都合により退職」とすれば問題ありません。厳しい経営状況のなかでも、「個人の目標は達成した」「業務効率をアップした」などはアピールできます。ただし、「上層部が悪い」などの言い訳はマイナスの評価に。

07 職歴の間でブランクがある場合はなんと言えばいい？

A ビジネスパーソンとしての軸と、ブランク中の過ごし方を伝える

ポイントは２つ。１つめは、離職する前の企業で、ビジネスパーソンとして軸となるスキルやキャリアが身についていると伝えること。２つめは、ブランク中の過ごし方。ブランクの期間に取得した資格やスキル、経験など、成長につながったものは必ずアピール。

08 フリーランスから再就職を目指す場合のコツは？

A チームワークをもって取り組めることをアピール

フリーランスならではのアピールポイントは、独自の人脈や取引先との信頼関係構築のスキル。ただし、「マイペースで協調性にかけるのでは ?」と思われがちなので、入社したらチームワークをもって取り組めることを主張するのも大切です。

09 ちょっと恥ずかしいような……めいっぱいアピールしていいの？

A 内容的にはアピールしてOK、でも、書き方は淡々とクールに

自慢の羅列と取られないよう、また、大げさに書くと勘違いしているとも思われかねないのでスキルなどはなるべく淡々と記載。もし不安なら、事前に第三者に読んでもらうか、転職エージェントに相談するとよいでしょう。

10 履歴書に記載するメールアドレスは、現在の会社のものでOK？

A 絶対NG!「Yahoo!メール」や「Gmail」がおすすめ

ビジネスパーソンとしての常識を疑われるマナー違反なので、絶対にやめましょう。携帯電話にあるメール機能のアドレスよりは、誰でも無料でアカウントを取得できる「Yahoo! メール」や「Gmail」を使うとよいでしょう。

11 スポーツの経験は、学生時代など、かなり昔のものでもいいの？

A 学生時代のものでももちろんOK 面接官との話のタネに

もちろん大丈夫です。例えば「野球（中学～高校時代、甲子園出場）」などとするといいでしょう。特に団体競技であれば、基礎体力やチームワーク力があると判断されることもあります。また、面接官と話すきっかけにもなるので◎。

12 異業種交流会やボランティア活動を書いてもいい？

A よい印象をあたえるのでぜひ書こう！ ただし、ほどほどに

異業種交流会やボランティア活動などの社外活動はよい印象をあたえやすいのでOK。趣味や特技の欄に書きましょう。ただし、あまりにも多くの活動をしていると、本業に影響があるのではと、敬遠をされる可能性もあるので注意。

4-2「書類作成」のキーをゲット！
よし！できた～！
カンペキ！。
今度こそ書類選考突破だ～
はい ここで運命の選択です
お！今回はいきなりですね
これから稲森さんの履歴書を添削していただきます
5つの鉄則が守られているかそれぞれ判断してください

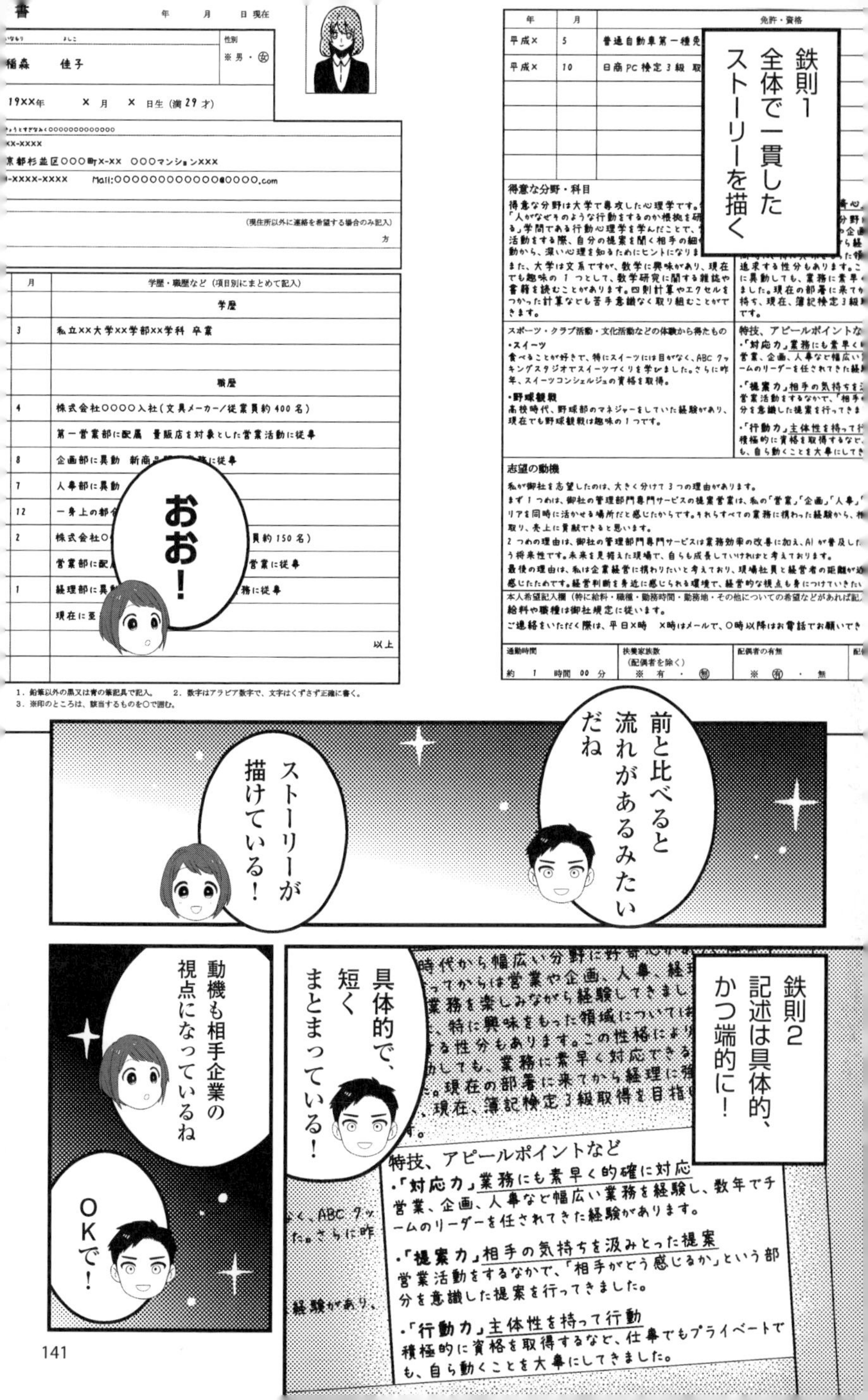

鉄則1
全体で一貫したストーリーを描く
おお！
前と比べると流れがあるみたいだね
ストーリーが描けている！
鉄則2
記述は具体的、かつ端的に！
具体的で、短くまとまっている！
動機も相手企業の視点になっているね
OKで！
特技、アピールポイントなど
・「対応力」業務にも素早く的確に対応
営業、企画、人事など幅広い業務を経験し、数年でチームのリーダーを任されてきた経験があります。
・「提案力」相手の気持ちを汲みとった提案
営業活動をするなかで、「相手がどう感じるか」という部分を意識した提案を行ってきました。
・「行動力」主体性を持って行動
積極的に資格を取得するなど、仕事でもプライベートでも、自ら動くことを大事にしてきました。

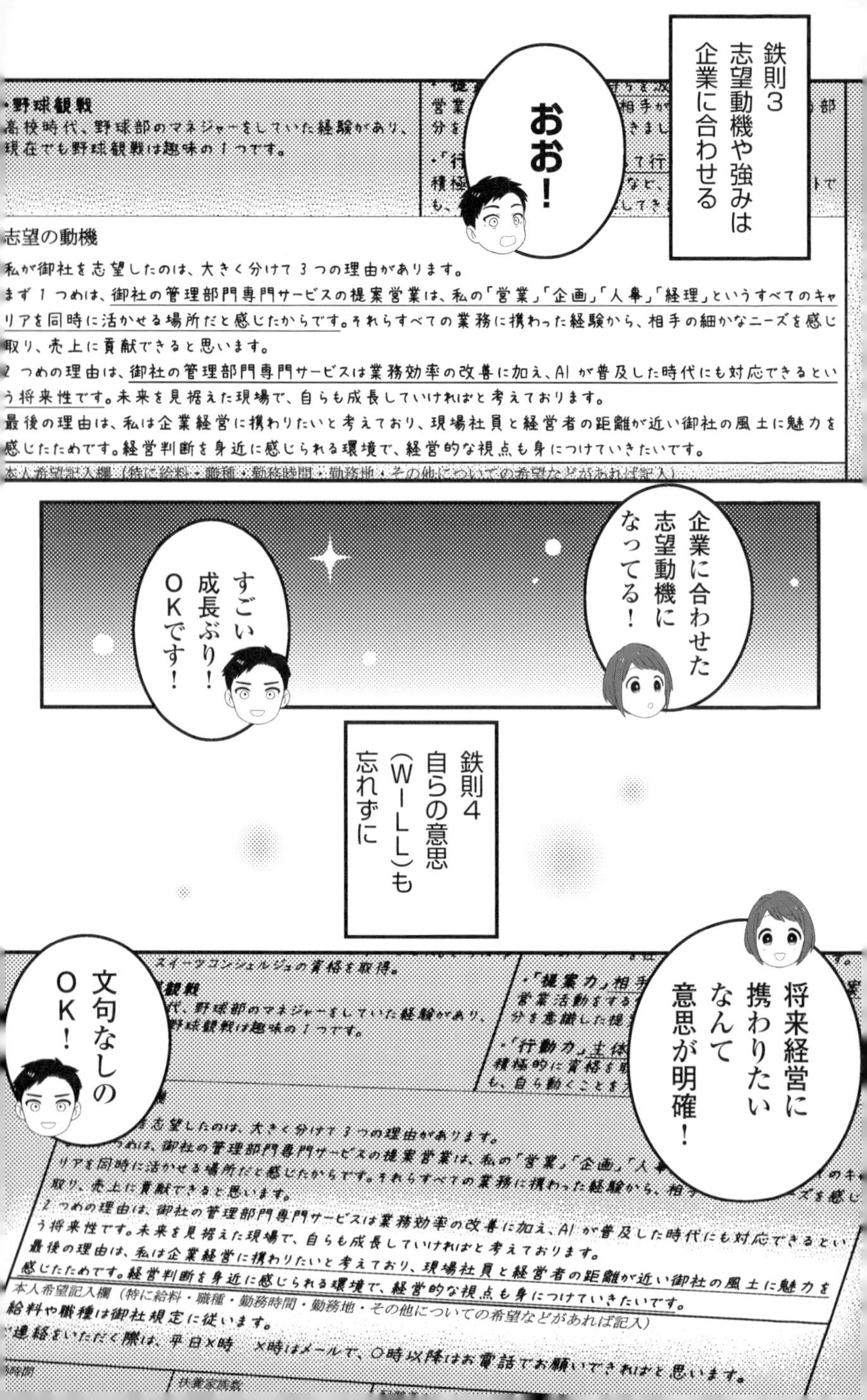
鉄則3 志望動機や強みは企業に合わせる
おお！
・野球観戦
高校時代、野球部のマネジャーをしていた経験があり、現在でも野球観戦は趣味の１つです。

志望の動機
私が御社を志望したのは、大きく分けて３つの理由があります。

まず１つめは、御社の管理部門専門サービスの提案営業は、私の「営業」「企画」「人事」「経理」というすべてのキャリアを同時に活かせる場所だと感じたからです。それらすべての業務に携わった経験から、相手の細かなニーズを感じ取り、売上に貢献できると思います。

２つめの理由は、御社の管理部門専門サービスは業務効率の改善に加え、AIが普及した時代にも対応できるという将来性です。未来を見据えた現場で、自らも成長していければと考えております。

最後の理由は、私は企業経営に携わりたいと考えており、現場社員と経営者の距離が近い御社の風土に魅力を感じたためです。経営判断を身近に感じられる環境で、経営的な視点も身につけていきたいです。

企業に合わせた志望動機になってる！

すごい成長ぶり！ OKです！

鉄則4 自らの意思（WILL）も忘れずに
将来経営に携わりたいなんて意思が明確！

文句なしのOK！

スイーツコンシェルジュの資格を取得。

本人希望記入欄（特に給料・職種・勤務時間・勤務地・その他についての希望などがあれば記入）

給料や職種は御社規定に従います。

ご連絡をいただく際は、平日×時〜×時はメールで、○時以降はお電話でお願いできればと思います。

鉄則5 面接で聞いてほしいことは詳しく書く
うん！強調もしてあってとっても気になる！
確かに質問したくなるな！
自覚している性格
「凝り性」と「幅広い好奇心」という２つの面
学生時代から幅広い分野に好奇心があり、社会人になってからは営業や企画、人事、経理と、さまざまな業務を楽しみながら経験してきました。同時に、特に興味をもった領域については、とことん追求する性分もあります。この性格により、他部署に異動しても、業務に素早く対応できるようになりました。現在の部署に来てから経理に強い興味を持ち、現在、簿記検定3級取得を目指し、勉強中です。
すごい！ぜんぶOK
パーフェクト！
今度こそ！お願いします
スッ…

では
5つの鉄則、すべてOKという回答でよろしいですか？
はい
では正解です
数日後
ピピピ
あ!?
結果のメール
キャー
お願い！
頼む……

ぜひ面接をお願い
ぶわぁ…
やった〜！
ようやく書類選考突破だ〜！
お見事！
3つめのキー「書類作成」を獲得しました！
やったー！おめでとう！

COLUMN 4
森本先生の転職
ワンポイントアドバイス

書類を郵送で提出する際は添え状をつけて

履歴書や職務経歴書を紙で印刷して郵送するとき、あいさつ文や応募の意思などを簡潔にまとめた「添え状」をつけると印象アップにつながります。求められた書類だけを事務的に送ってしまう人もいるなかで「ビジネスマナーを心得ている人」と思わせ、ライバルから一歩リードできる可能性があります。

もちろん、書類を整理する人と評価を下す人は別だったり、必ず読まれるとは限らないので、必ずしも評価の対象になるわけではありませんが、添え状をつけたことでマイナスになることはないので、つけたほうがよいでしょう。

注意したいのは添え状に書いたからといって、経歴や志望動機などは省略することなく、必要なことはすべて職務経歴書に盛り込むようにしてください。また、アピールしたいからといって、あまりにぎっしりと内容を書きすぎると読む気が失せてしまうこともあります。適度な余白を残し読みやすく書くようにしましょう。

もちろん、データで送る際にも、きちんとビジネスマナーを守って送るのはとても大切です。

STAGE 5
INTERVIEW

企業と自分の理解を深める面接の心得

面接官を自分の“ファン”にせよ！

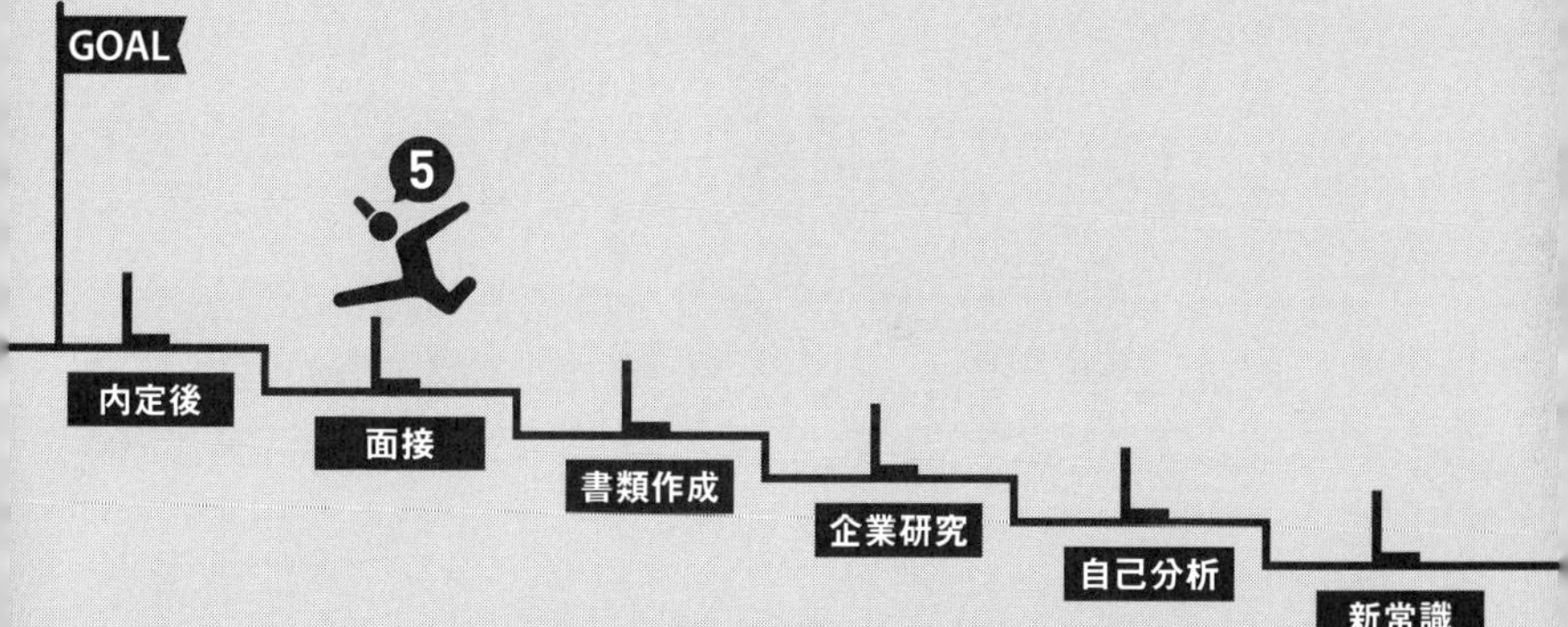

転職活動において苦手な人がもっとも多い面接。評価を受けるだけではなく、企業を見極めるという意識をもつことが重要です。

5-1 面接では、ストーリーを伝える

いままでのご経験で一番つらかったことはなんですか？
自分自身つらいと感じてしまうことはあまりないのですが強いてあげるとすれば……
―数分後―
……で
……友人にはメンタルが強いほうだとよく言われます
…
つまりどういうことでしょうか？
面接官
質問は一番つらかった経験なのですが……
つまりつらいと感じるのは主観的な感情に過ぎないといいますか……
わかりましたありがとうございます
スン…
いかがですか？盛重さんを採用したいと思いましたか？
い いえ
話がよくわからなくて……

では再び数日前に時を巻き戻し転職コンサルタントの助言を仰ぎましょう
ズビシッ
伝えたいことが多すぎるようですね
転職コンサルタント
は
はあ……
まず自己紹介ですが長すぎるのはNGです履歴書にも経歴はありますしポイントのみを長くても3分ほどで話し終えるくらいがよいと思います
ポイント
3分!
それで私の人間性は伝わりますか?
いまいち不安で
大丈夫です
ず
自己紹介だけで人間性を判断することはありませんむしろそれ以降の受け答えに比重を置いてください
いっ
わかりました

それと 伝えるための話し方の基本ですが質問に対しては「それは○○です」と結論から話すようにしてください
例
Q.好きな食べ物は？
A.お味噌汁です
理由
心も体も温まるからです
理由はあとから付け足すと意図が伝わりやすくなるからです
なるほど
そもそもよい面接って何だと思いますか？
どこからハットとステッキが…
よい面接……？
自分の〝ファン〟になってもらうことができればそれはよい面接です
ファン……ですか!?

要は「この人のことをもっと知りたい」「キャリアを応援したいな」と思ってもらうことが大切なのです
なるほど
ですから経歴や経験についても一番伝えたいことを事前に準備しておくことが大切です
しっかり準備を！
面接官は何をポイントにしているんですか？
ポンッ
おぉ
求人内容や企業によっても異なるので一概には言えませんが
意外と大切なのは一貫性です
一貫性？
ピラ

「転職理由」「志望動機」
「自分がやりたいと思っている意思」の一貫性です
矛盾をつけば真実かどうかも見極められるんです
職転理由
志望動機
自分のやりたい事
ほかに面接の内容以外でポイントはありますか？
服装などはおかしくなければ大丈夫と思っている人が多いですが
実は面接の内容以外の部分でNGになる人は意外と多いのです
服装はもちろん入室前のふるまいなどにまで注意が必要です
第一印象が悪いと面接の時間内に取り戻すことは難しいですから
ボサー
ダルーン
シャキーン
面接ではそんなことまで見ているんですね
もちろんこれは最低限の話です
内容以前の部分で落とされないように注意してください
わかりました！

5 面接
1

「評価を受けるだけ」ではない！面接の目的を理解しよう

▼面接の前に知っておくべき前提知識とは

志望する企業と初めて直接対面する機会である面接。受ける側にとって「自分を適切に伝える」ことが唯一の目的であり、あとは相手から評価を受けるだけと考えているかもしれませんが、それでは、一方通行の不十分な面接です。面接は**「①自分が企業にマッチした人材であることをプレゼンテーションする」**場であると同時に、**「②その企業が自分にとって適した職場であるかを確認する」**場でもあることは必ず頭に入れておいてください。面接にはこの2つの目的があることを理解しておかないと、入社後に「こんなはずではなかった……」という事態にもなりかねず、転職を成功させるのが難しくなります。また、**理想的なのは、「この人と一緒にはたらきたい、キャリアを応援したい」と、面接官を自分のファンにさせる面接**です。そのためには、面接には2つの目的があることを意識し、一方通行ではなく**自分と企業の間で相互の理解を深めることが重要**です。

▶面接の目的

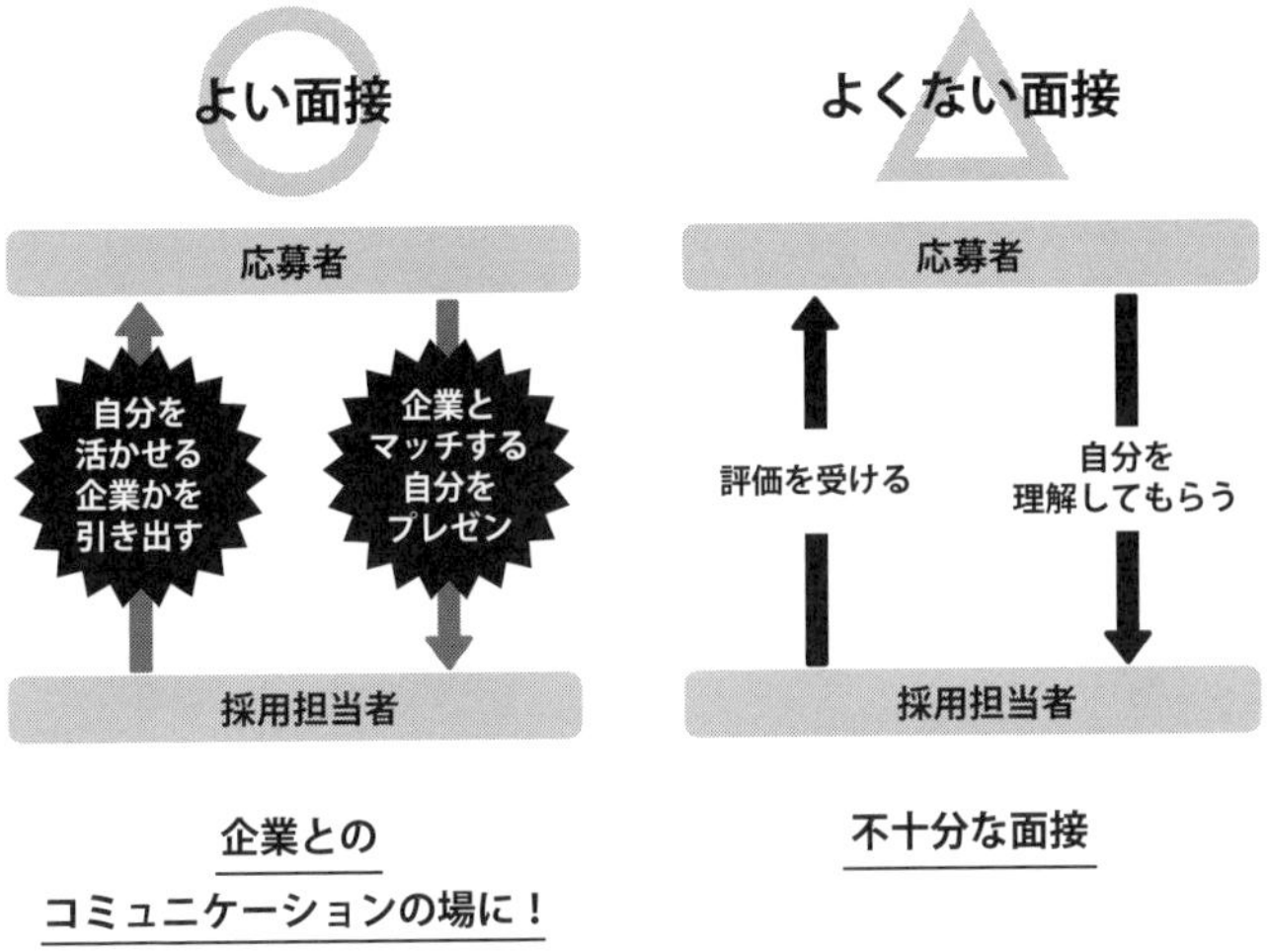

「①自分が企業にマッチした人材であることをプレゼンテーションする」ために大切なのは、ステージ4の「書類作成（P105〜）」でもおこなったように、「WILL」「CAN」「MUST」を整理し、すり合わせておくことです。また、相手の話を聞き出すのが上手な面接官ばかりの企業であればよいのですが、実際は、最初の面接は現場の社員が面接官を務め、質問することに慣れていないことがほとんどです。どんな面接官でも表面的なやりとりで終わらず、過不足なくアピールするには、「これだけは絶対に伝えたい」という内容を、事前にまとめておくのも重要です。「②その企業が自分にとって適した職場であるかを確認する」ためには、面接官のふ

るまいや言動を観察し、細かな部分でも気になったことは確認しましょう。確認の方法はP182を参考にしてください。

また、面接で必要以上に緊張し、コミュニケーションがうまくいかなくなることを防ぐために、一般的な面接の流れも理解しておきましょう。基本的に面接は**「入室・あいさつ」**で始まり、キャリアの概要や志望動機などの要旨を伝える**「自己紹介」**、詳細なキャリアや強みを紹介する**「キャリアの確認」**、転職の理由や、なぜその企業を志望しているのかを説明する**「転職理由・志望動機の確認」**、最後に応募者側が気になったことを確認する**「応募者からの質問」**という順に進みます。すべての企業の面接がこの順番で進むわけではなく、また、面接の段階によって順番が入れ替わることもあります。とはいえ、面接の要素は「入室・あいさつ」「自己紹介」「キャリアの確認」「転職理由・志望動機の確認」「応募者からの質問」の5つですので、事前に把握し、当日に慌てないようにイメージしておきましょう。

また、面接は、一次、二次～最終と数回にわたっておこなわれ、応募者が選別されていきます。一般的には3回程度、特定の大企業や外資系企業では、4～5回以上のところもあります。**それぞれの面接で面接官の立場が異なり、応募者を評価する視点も異なります**。一次や二次などの面接では、人事部の担当者や現場責任者が担当することが多く、確認するのは「スキルや

▶面接の流れ

入室・あいさつ	面接官が入室してくる場合は必ず立つこと。第一声は「○○と申します。よろしくお願いします」。
↓	
自己紹介	経歴と仕事内容、スキル、志望動機の重要な部分を話します。長くても3分程度におさめましょう。
↓	
キャリアの確認	キャリアのなかで企業にアピールしたい部分を中心に。客観的な視点で冷静に話すのが重要。
↓	
転職理由・志望動機の確認	前向きな「転職理由」、説得力のある「志望動機」を語ります。2つの内容に一貫性をもたせること。
↓	
応募者からの質問	企業への理解を深めるために、気になったことを聞きます。「ありません」は避けましょう。

面接の種類	一次面接・二次面接	最終面接
	人事担当者や現場の責任者が面接官になる。スキルやメンバーとの相性など、現場に近い目線で、応募者を確認。	経営幹部層が面接官で、企業の成長にとって役立つかを評価。

キャリアがマッチしているか」「社風に合う人物かどうか」といった内容になります。現場の社員が同席することも多いようです。一方の最終面接は、専門部門長や役員、社長が面接官となり、スキルなどよりも、「企業の成長を担える人材かどうか」など、より大きな視点で応募者を評価します。面接を受ける際の前提知識として、目的や流れ、段階による面接官の視点のちがいなどを理解しておきましょう。

5　面接
2

話の印象が格段にアップ！「話の組み立て」と「話の姿勢」

▼話すときには「PREP法」と、話す姿勢を意識して

前節で紹介した「①自分が企業にマッチした人材であることをプレゼンテーションする」ために、**話の内容と同じくらい重要なのが、「話の組み立て」と「話の姿勢」**です。面接では、緊張で説明しているうちに自分が何を話しているのかわからなくなり、焦りから態度までオロオロするというケースがよくあります。これでは、優れた能力があっても、面接官に「周囲に伝えるのが苦手なのかな」と判断されてしまう可能性が高いでしょう。面接でのプレゼンテーションでは、内容に加え**〝簡潔にわかりやすく、はっきりと話す〟ことが必須**です。

面接での**「話の組み立て」としておすすめなのが、PREP法（プレップ法）。**これは、話の内容を**「Point（結論）」→「Reason（理由）」→「Example（具体例）」→「Point（まとめ）」**の順に話す方法で、各要素の頭文字からPREP法と呼ばれ、企業の一般的なプレゼンテーションでもよく使われています。まず自分のもっとも伝えたい「結論」を

▶PREP法

質問「営業チームのリーダーとしてどのように部下を指導しますか?」

PREP 法を使った答え方

- **P = Point（結論）**：私は、営業は、若いときには質よりも量を重視すべきだと指導します。
- ↓
- **R = Reason（理由）**：まずは多くのお客さまと対面し、意見を聞くことが重要だと考えているからです。
- ↓
- **E = Example（具体例）**：自分も、さまざまな意見からお客さまの本当のニーズを探れるようになり、営業の質が上がったという経験があります。
- ↓
- **P = Point（まとめ）**：ですから、まずは量を重視した営業をすべきだと考えています。

話し、直後に「理由」、次に「具体的なエピソード」と添えることで、相手の頭には「それってどういうこと?」というクエスチョンが常に浮かび、**わかりやすくて説得力があり、かつ、興味をひきつけながら話すことができる**のです。また、最後の「まとめ」は、最初の「結論」を繰り返すもので、自分の**もっとも伝えたい内容を相手の印象に残すことができます**。

面接の「話の組み立て」として、ＰＲＥＰ法はとても有効ですが、よほど慣れた人でない限り、その場でいきなり実践するのは難しいでしょう。ですから、話す内容はＰ１６８～を参考にして、ＰＲＥＰ法を活用して「話の組み立て」も練っておくことが大切です。

ちなみに、専門職としてはたらいていた人がキャリアを伝える際は、面接官が専門職でない可能性もあるので、最初はなるべく専門用語を使わず簡単な言葉で説明したほうがよいでしょう。特に、異なる業種・業界への転職を考えている人は、当たり前と思っていた専門用語であってもまず伝わらないので、わかりやすい表現を意識してください。

「話の組み立て」とともに、**相手の印象を左右するのが「話の姿勢」**。社会人として、うつむき加減でボソボソと話す人よりも、情熱をもって堂々と話す人のほうに魅力を感じるのは当然です。意識しないとやってしまいがちなマイナス評価につながる姿勢と、特に高評価につながる姿勢を紹介します。

意外と多くの人がやってしまうのが**「丁寧に話しすぎる」**こと。丁寧なほどよいだろうと過度に敬語を使うと、違和感があり、コミュニケーション能力に問題があると思われかねません。とはいえ、もちろん**「タメ口」はNG**。面接官が同世代や年下、また共通の知人がいる場合などは、馴れ馴れしくなってしまう人は多いので、要注意です。当然ですが**「面接官の話をさえぎる」「感情的になって話す」**も無意識にやってしまう人が多いので、気をつけましょう。

高評価につながる姿勢としては、「『ＣＡＮ』はクールに、『ＷＩＬＬ』は情熱的に話す」のが鉄則です。「ＣＡＮ」は、熱っぽく話すと、「誇張しているのではないか？」「客観的な視点

▶面接でのGoodとBadな「話の姿勢」

Good

□「CAN」はクールに、「WILL」は情熱的に

スキルや実績は淡々と、志望動機などの自らの意思は情熱的に話したほうが説得力が増します。

□ 業務経験は楽しそうに話す

仕事のことを笑顔で話すのはとても好印象。「一緒にはたらきたい」と思わせることができます。

□ 適切にあいづちを打つ

自分の話ばかりに集中せず、相手の話をきちんと聞けるのは高評価。無表情で話を聞くと、相手も不安になるので、適度にあいづちを打って興味をアピール。

Bad

□ タメ口、丁寧に話しすぎる

タメ口はNG。「～ございます」「～いたしております」など、丁寧すぎるのも違和感があるので注意。

□ 面接官の話をさえぎる

「話をさえぎられた」と不快に思われる可能性が高いので、相手の話が終わってから話し始めること。

□ 感情的になって話す

欠点を指摘されてもムキになってはいけません。わざと意地悪な質問をして反応を見ることも。

がないのではないか」と、判断される可能性があるので、淡々と話すのが正解です。反対に「WILL」は企業への「想い」を表現するものですから、ある程度感情的なほうが伝わりやすいでしょう。

現在は、スマートフォンなどで実際に自分が話している姿を撮影できるので、**面接の前には一度撮影して不快感をあたえるような「話し方」や「姿勢」がないか確認し、練習をしましょう。**

5　面接　3

意外に失敗する人多数！「身だしなみ」「ふるまい」「最終面接」

第一印象に直結
身だしなみ

▼「身だしなみ」で大事なのは、何をおいても「清潔感」

転職活動では、「評価されるのはキャリアなのだから、服装はそこまで気にしなくても……」と思っている人も一部にいるようですが、それは間違いです。**面接は、〝相手が〟「一緒にはたらきたいか」「職場になじむか」を見ています**から、無駄に評価を下げてしまわないように、敬遠される可能性のある服装は避けましょう。面接の短い時間で失った第一印象を取り戻すのは至難の業ですから、**社会人として「清潔感」は絶対に外せないポイント**です。比較的自由な社風の企業でも、面接ではきちんとした身なりをしていたほうが無難です。

おしゃれなものや高価なものである必要はありませんが、スーツやシャツ、ブラウスにシワがないか、また、面接では襟や袖などの細かい汚れも意外と目立つので目を光らせてください。同様に、髪形やひげ、爪などの身だしなみも前日までには整えておきましょう。面接直前にも、メイクやシワなど、再確認してください。

▶身だしなみのチェックリスト

□ 髪形

特に男性は見落としがちな後頭部の寝癖まで確認。男女とも、額は出したほうが明るい人物という印象に。

□ メイク・フェイスケア

男性はひげの剃り残し、女性はメイクの濃すぎに注意。面接中、顔に汗をかく人が多いので、ハンカチは必須。

□ 爪

伸びすぎや黒ずみは清潔感を大きく損ないます。女性は派手なネイルアートやつけ爪は控えましょう。

□ ファッション

汚れやシワはもちろん、サイズや季節感も注意。あからさまなブランド品はマイナス評価になることが多いよう。

□ かばん

男女とも、リュックサックや布のトートバッグではなく、スーツに合うフォーマルなかばんを選ぶこと。

□ 靴

男性は黒か茶色の革靴、女性は落ち着いた色のパンプスが無難。汚れは目立つので、磨いておきましょう。

▼面接であってもビジネスと同様に信頼関係を築けるふるまいを意識

面接官は、受け答えだけでなく、**面接前・面接中のふるまいからも「社会人としての常識」をチェックしています**。無意識におこなってしまう配慮に欠ける行動でも、マイナスの評価につながりますので、クセなどにまで注意が必要です。ただし、意識するあまりに緊張しすぎると、本来の自分の姿を見せられなくなってしまうため、左ページで紹介する８つを意識しておけば、最低限としては十分です。

左の８つ以外でやってしまいがちなふるまいとして、複数の面接官がいる場合、質問をしてきた相手ばかりを見てしまう人がいますが、好ましくありません。すべての面接官に適度に視線を向けるなど、**全員に話していることが伝わるように心がけてください**。また、転職活動の面接でちょっと悩んでしまうのが「名刺交換」です。自分から名刺を渡す必要はありませんが、面接官から名刺を出された場合は、名刺が無ければマナーに沿って受け取り、在職中なら現在の名刺を交換すれば問題ありません。

面接も、いわばビジネス上での初めての顔合わせの場。**短い時間であっても少しでも信頼関係を築き、なるべくリラックスして話ができるようなふるまいを意識しましょう**。

▶やってはいけないふるまいのチェックリスト

□ 姿勢を崩してリラックス

面接官がフランクな人であっても、足や腕を組む、机にひじをつくなど、普段のリラックスしている際のふるまいはNGです。

□ まったくメモしない

「この会社に興味がないのか」と疑われないために、メモを取るのは必須。姿勢だけでもメモは取るべき。

□ 担当者の名前を忘れる

面接官が複数おり、それぞれが別の応募者を担当している可能性もあるので、担当者の名前は必ずどこかにメモっておくこと。

□ 対応する人によって態度を変える

面接官はチェックしているので、受け付けやお茶をもってきてくれた人に対しても、面接官と同じように丁寧に接すること。

□ 筆記用具などを手で遊ばせる

「商談中もこうなのか？」と思われないように、ペンを手のなかでクルクル回すなどのクセはやめたほうがいいでしょう。

□ 面接直前一服

タバコの匂いが服や口に残り、特に面接官がタバコを吸わない人だと、悪い印象をもたれる可能性があります。

□ 携帯電話で暇つぶし

直前に携帯電話でLINEやゲームをしているのも印象が悪いので注意。面接前は資料を確認しておくのが無難です。

□ 携帯電話が鳴る

社会人としての基本的なマナーがないと、大きなマイナス評価に。受け付けをしたら、電源を切っておいたほうが安心です。

意外な盲点！

最終面接での失敗

▼最終面接では、それまでの面接とは少し異なる意識をもとう

一次面接や二次面接など序盤の面接を高評価で突破すると、最終面接を「内定はほぼ確実で、顔合わせ程度だろう」と認識する人が多いようですが、それは誤解です。実際に**最終面接で不採用になる人はとても多い**のです。というのも、Ｐ１５７で触れたように、最初の面接では現場に近い人がスキルや経験を中心に評価しますが、最終面接では経営幹部が評価するので、ビジネスの将来的なビジョンなど、それまでとは少し異なる部分が評価されるからです。序盤の面接との整合性も重要ですので、最終面接用の受け答えが必要ということはありませんが、最終面接の前には、意識しておいたほうがよいことがあります。

もっとも重要なのは**「将来のビジョンをもつ」**こと。経営幹部は「一緒に企業の成長をあと押ししてくれるか」を判断していますので、入社後に成し遂げたいことを覚悟をもって伝えなければなりません。といっても特別なことではなく、これまでに紹介した「ＷＩＬＬ」をはっきりと伝えられれば問題ありません。ただ、注意しなければならないのは、自身の「ＷＩＬＬ」から勢いあまって**「経営へ浅はかな意見をする」こと**です。特に経営幹部層への応募では経営戦略を語る人がいますが、よほどの説得力がなければよい印象はあたえません。入社するまで

▶最終面接でのNGチェックリスト

□ 将来のビジョンがない

入社後に、その会社で成し遂げたいことをしっかりと主張しましょう。少し大きな視点で語れると、よりよいかもしれません。

□ 強気の態度に出る

ほぼ内定だろうと勘違いし、途端に強気になってしまう人がいますが、すぐに不採用に。謙虚な姿勢は重要です。

□ 経営へ浅はかな意見をしてしまう

会社を変革してほしい、と言われたときにはよいかもしれませんが、考え方が合わないと判断されてしまう可能性も。

□ これまでの面接と矛盾がある

慣れた面接官は、同じ意味の質問を異なる言い方でしてくることがあります。ブレないよう常に軸は意識していましょう。

は部外者であり、詳細な内情はわかりませんから、変に意見を述べるのは危険です。

また、**「強気の態度と取られないようにする」**ことも意識しましょう。内定を確信し、態度が変わってしまう人は意外と多いのです。特に給与や待遇などの交渉をするのは絶対にＮＧです。内定が決まりかけていても、一瞬で不採用になる可能性があります。**「序盤の面接との答えの矛盾」**にも注意が必要です。当然ですが、面接での受け答えは、最終面接でも共有されています。面接での一貫性は重要なポイントですので、答えにブレがないよう、自分の軸をしっかりと意識しておきましょう。

5　面接

4

面接で必ず質問されるのは過去・現在・未来への質問

▼「キャリア」「転職理由」「志望動機」は転職における三大質問

面接の内容として、必ず聞かれる質問は次の3つに大別できます。**①キャリア（過去の質問）**「これまでどんなことをしてきたか」、**②転職理由（現在の質問）**「なぜ転職しようとしているのか」、**③志望動機（未来の質問）**「これからどうしたいのか」。ですから、これらははっきりと答えられるように事前に準備しておきましょう。

すべての質問の答えとして意識しなければならないのが、**現状から逃げているようなネガティブな印象をあたえないこと**。現実的に、多くの転職のきっかけが「会社への不満」であることは面接官も理解しています。だからこそ、そんな否定的な感情を新しい目標に変え、**意欲をもって前向きに転職活動をしているかどうかは、とても重要**なのです。また、「書類作成」のステージでも紹介しましたが、**②転職理由と、③志望動機が一貫性をもっていることも大切**です。面接官は必ずチェックをしていますので、一貫性のあるストーリーを描いてください。

▶採用側が知りたい過去・現在・未来

過去

キャリア

面接官は、応募者がキャリアで身につけたスキルや強みで、「当社に貢献できるのか」「当社で能力を発揮できるのか」などを見極めています。

［採用側の知りたいこと］

- 当社に必要なスキルはあるのか
- 即戦力、もしくは早期に活躍が期待できるのか

▼

現在

転職理由

不満は、転職のきっかけであり、転職理由ではありません。面接官は、不満を目標へと変化させ、チャレンジ精神があるかを確認しています。

［採用側の知りたいこと］

- 前職の不満を当社で解決できるのか、同じ理由で辞めてしまわないか
- 新たな目標に向かうチャレンジ精神があるのか

▼

未来

志望動機

「志望動機」は、過去の「キャリア」と、現在の「転職理由」の延長線上にあるはずのもの。面接官に対し、活躍をイメージさせることが重要です。

［採用側の知りたいこと］

- なぜ同業他社でなく当社を選んだのか
- 当社をどの程度理解しているのか
- どんな仕事をし、どう成長したいのか

各質問で面接官の知りたい内容は、①では「自社で戦力となるスキルをもっているのか、早期に活躍が期待できるのか」、②は「転職のきっかけとなった不満は当社で解決できるのか、同じ理由で辞めてしまわないか」、③は「なぜ他社ではなく、うちの会社を選んだのか、今後どのように成長したいのか」。面接では面接官の意図に対し、簡潔に答えることが求められます。次ページから、答え方のポイントを解説します。

過去 「キャリア」を答える際のポイント

相手の知りたい情報を簡潔に話すこと

豊富なキャリアをもっていても、すべての経験を時系列にダラダラと語るのはNG。相手の印象に何も残りません。メインで語るべきなのは、相手企業が求める人材ニーズにマッチする経歴。活動スタイルや手法、成果、身につけたスキルを簡潔に伝えましょう。それ以外のキャリアは、「ほかには、○○も○年程度経験しています」程度で十分。

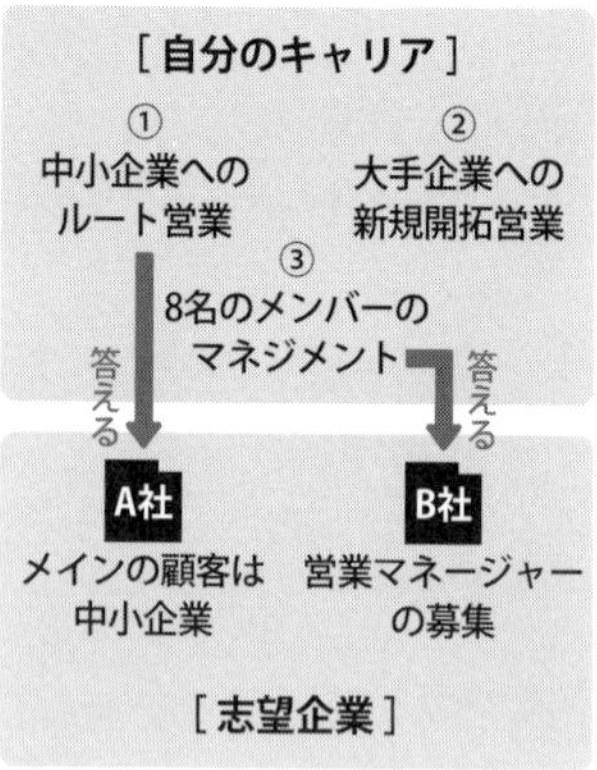

現在 「転職理由」を答える際のポイント

現状への不満を語ると企業は警戒！

「不満」をそのまま語ると「当社でも同じことを感じて辞めてしまうのではないか」と警戒されてしまいます。不満は、意味を裏返す、表現を変えるなど、ポジティブな伝え方にすることを意識してください。どうしてもポジティブにしづらい「人間関係の問題」や「将来性への不安」は語らないほうがよいでしょう。

残業が多く、拘束時間が長い

ヒント

数字などを示し、相手を納得させること。伝わらなければ仕事への責任感を疑われる可能性が。

興味のある仕事ができない

ヒント

「能力がないと判断されたのではないか」と思われないよう、なぜできないのかを語ること。

人間関係の問題

ヒント

どんな企業でも、人間関係の問題はありますから、わざわざ伝えないほうがいいでしょう。

将来性に不安があった

ヒント

「苦しいなかでも貢献したこと」を語れないと、同じ状況なら辞めると判断されてしまいます。

未来 「志望動機」を答える際のポイント

「WILL」「CAN」「MUST」を盛り込むこと

「なぜ他社ではないのか」について説得力のある説明をすることが重要。それには、自己分析で見つけた「WILL」「CAN」、企業研究で把握した「MUST」を回答に入れ、採用のメリットを感じさせてください。

基本的な返答の考え方

「私は、○○○の経験を活かし、
CAN＝スキル
○○○を追求していきたいです。
WILL＝自分の意思

御社の○○○に携われば、
相手の企業のメリット
それが実現できると考えています」

［返答例］

❶「御社の○○のメインユーザーは30代の女性だと思いますが、私の30代男性向けの商品開発をしてきた経験を活かし、ターゲットを30代男性にまで広げていきたいです」
CAN＝スキル（私の30代男性向けの商品開発をしてきた経験）
WILL＝自分の意思（ターゲットを30代男性にまで広げていきたい）

❷「前職で、人事評価やキャリア支援などさまざまな社内制度をつくりあげた経験があります。
CAN＝スキル（前職で、人事評価やキャリア支援などさまざまな社内制度をつくりあげた経験があります。）

御社のIPOにあたり、組織づくりに貢献したいと考えております」
WILL＝自分の意思（御社のIPOにあたり、組織づくりに貢献したい）

注意!

「転職理由」と「志望動機」は矛盾しないように！

転職理由の「○○がしたくて転職を決めた」と、志望動機の「○○を実現したい」に一貫性がないと、単なる面接受けを狙った発言だと思われるので要注意！

「自己紹介」のポイント

面接で聞いてほしいトピックを簡潔に並べて興味を引くこと！

面接で最初におこなわれる自己紹介。慣れていないと、ダラダラと話しがちで、すぐに「プレゼン下手」と判断されてしまいます。キャリアや強み、志望動機のなかで、その後の面接で聞いてもらいたいことや、相手の興味を引きそうなこと、自分の意欲などを簡潔にまとめ、2 分程度、どんなに長くても 3 分以内にまとめて話すのが正解です。

5　面接

5

答えにくい質問でも慌てない想定の質問と返答のポイント

▼答えにくい質問が来たら、それは採用が近づいている証拠

面接では、**想定外の質問をされることもあります**。そんなとき、「ウソをつく」のは当然NGですが、「黙ってしまう」のもよい印象がありません。答えが見つからないときには、**「質問の意図を確認し、ひと呼吸置く」のがポイント**です。答えのヒントを見つけるためにも「それは○○に関する質問ですね」とたずね、ひと呼吸置けば悪い印象をあたえることなく、**時間稼ぎができ、精神的にも落ち着けます**。また、答えにくい質問をされたらピンチと考えがちですが、むしろ逆。面接官が内心で不採用と決めた人は、いつか取引で関わる可能性がありますから、よい印象を残すために答えにくい質問をすることは、まずないのです。採用が近づいている、**アピールのチャンスと捉えれば答えやすくなる**のではないでしょうか。

とはいえ、どんな質問でも準備をしておくに越したことはありません。次ページから答えにくい想定の質問と、回答例を紹介します。

▶想定の質問と返答のポイント

Q これまでで一番大きなミスをした経験を教えてください

A ミスの話だけで終わらせず、対処の方法や学んだことまで語ること

ミスへの対応力や、失敗から成長できるかどうかを確認する質問です。「失敗の経験→対処の方法→学んだこと」を伝えましょう。「ありません」だと、経験不足、謙虚さがないと判断されてしまうのでNG。

Q 職歴に一貫性がないようですが理由を教えてください

A 自分なりの軸、もしくは自分なりに成長していることを語る

採用側の「この会社でもすぐに辞めてしまうのではないか」という不安からくる質問です。不安を解消するには「自分なりにキャリアに軸があること」、もしくは「キャリアアップしていること」を伝えられればOKです。

Q 前職の在籍期間が短いようですが理由を教えてください

A すぐに辞めてしまう人と思われないような回答を

在籍期間が1年未満だと聞かれる可能性が高い質問。これも採用側の不安からくる質問なので、「ミスマッチに気づき、早期に軌道修正した」や「短い期間でも○○を学んだ」など、不満を感じさせない答えにしましょう。

これまでで、人間関係で困ったことがあれば教えてください

自らの非や過ちを認めて、謙虚な態度を示す

コミュニケーション力や協調性を確認する質問です。やってはいけないのは、一方的に相手の責任にすること。「他責性が強く反省できない人」と思われかねません。素直に自らの非や過ちを語り、反省していることを伝えましょう。「ありません」はよい印象をあたえません。

希望の給与額などはありますか

思っていても、うかつには言わずに規定に従うことが正解

希望給与額が自社でも問題ないかをチェックしています。自分の実績、経験にともなった規定に従うと伝えれば問題ありません。どうしても伝えたい場合には、そんなに払えないという理由で不採用にならないよう、あくまで希望であることを伝えてください。

なぜ派遣社員を選ばれたのでしょうか

自らのキャリアや成長のためにあえて選んだということを主張

はたらく姿勢を見る質問です。「就職活動が面倒になった」「責任を感じるのが嫌だった」などでは、マイナスの印象につながるため、希望する職業の経験を積むために、まずは派遣社員を選んだというような流れにすると説得力があるでしょう。

Q 自分なりの仕事のメソッドを教えてください

A オリジナリティ＋相手企業のマッチングを考慮して

仕事のスタイルがなじめるのかを確認する質問です。あまりに一般的なものだと工夫がないと思われてしまうので、自分なりの仕事への取り組みを語ってください。企業研究でイメージした企業の風土にマッチする内容だと完璧です。

Q 将来的にこの業界はどのように変化すると思いますか

A なるべく悪い内容は語らず、明るい変化を語る

管理職の採用においては、業界の流れを正確につかんでいるか、また、その姿勢があるのかをチェックすることが多いようです。一般論とともに、自分なりの考えも盛り込めるようにしましょう。否定的な内容を語る場合でも、最後には前向きな内容につなげてください。

Q あなたはストレスを感じやすいほうですか？

A ストレス解消法を答えて! ただし、悪い印象をあたえないよう注意

ストレスをコントロールできるのかを見ています。ストレスを溜め込まないタイプなのはそれだけで強みになりますし、そうでない場合は、自分なりのストレス解消法を伝えてください。ただし「ギャンブル」「アルコール」などは、やめたほうがいいでしょう。

Q 立派な経歴があるのに、なぜ転職をしようと思ったのですか

A 仕事において自分が実現したいこと＝WILLを語ればOK

現在の会社での実績を熱く語りすぎると受ける質問です。実績のアピールは淡々とおこなうのが鉄則ですが、この質問をされたら、「WILL」を語れば問題ありません。自分の成し遂げたい「WILL」の実現が、現職では難しいことを語りましょう。

面接本番
これから指導後の盛重さんの面接です
今回はこれまでのポイントを踏まえダメな受け答えだと感じたらストップをかけて修正をかけてください
見事内定に導けたらキーを獲得できます
キゅ
了解です！
がんばるぞ！
—面接開始—
では軽く自己紹介をお願いします
ハイ

私は盛重と申します○○県の出身で現在は都内の某メーカーで商品開発を4年ほど担当しております
今回は貴社の○○の事業に関心をもちこれまでの経験を活かしながら新しいことに挑戦できると思い応募させていただきました
バッチリ！
ここまで問題なし！
フッ…
いままでのご経験で一番つらかったことはなんですか？

それは納期までに自分が納得のいく商品を納められなかったことです
先方から納期短縮をあとになって要請されたのですが最後のツメをもう少しだけ検討したかったんです
会社の事情もあったのですがクオリティのために交渉すべきだったと反省しています
自分の仕事に情熱をもたれているんですね
ありがとうございます
くっ
じーん…
これも結論から話しているしわかりやすい
このままこの調子！

もし
希望の職種につけない場合はどうされますか？
え？
え〜と……
そうですね〜
あれ まずい？
ストップかな？
でも変なことを答えるより時間を稼いだほうがいいって……

たしかに堪えどころだ
ノンストップ！がんばれ！
そうですね
その場合は任されたことをしっかりこなしながらチャンスを待ちます
チャンスを待ちながらも積極的に提案して希望の職種につけるよう努力を続ければよいと考えています
グレイト！
素晴らしい！
面接は以上ですありがとうございます
お二人とも修正はないとの回答ですね
はい
では正解を見てみましょう

数日後
ピピピピ
はい
あ 先日はありがとうございました
お願い……
受かってますように!
本当ですか!? ありがとうございます!
もしや……
よし!
ついに内定だ〜!
いよっしゃ〜!
お見事です!
4つのめのキー「面接」をゲットです!

COLUMN 5
森本先生の転職
ワンポイントアドバイス

「何か質問はありますか？」は、絶好のアピールチャンス

面接の最後に聞かれる「何か質問はありますか?」は、応募先企業に対する疑問を確認できる場面であり、これをうまく活用すれば、自分自身の「MUST」を満たす会社なのかどうかを見極めることができるはずです。と同時に、自分の積極性や意欲の高さ、企業への関心の度合いをアピールできるチャンスでもあります。核心をついた質問ができれば、ぐっと評価アップにつながります。

ただし質問の仕方には注意が必要です。調べればすぐにわかることや興味本位の内容、待遇面などについての質問は「そんなことを気にしているのか」と思われ、逆に評価を下げてしまう可能性があります。また、相手がどんな立場の人かによって、質問する内容は変えたほうが効果的です。人事の担当者などであれば業務や制度の細かいことなどについてたずねてもよいですが、役員や社長などの場合には全体的な経営戦略や今後のビジョンについての質問を投げかけるなど、相手によって空気を読んで質問をするよう心がけてください。

STAGE 6
RESIGNATION PROCEDURE

円満に退社をするために内定後のタスク

転職人、あとをにごさず！

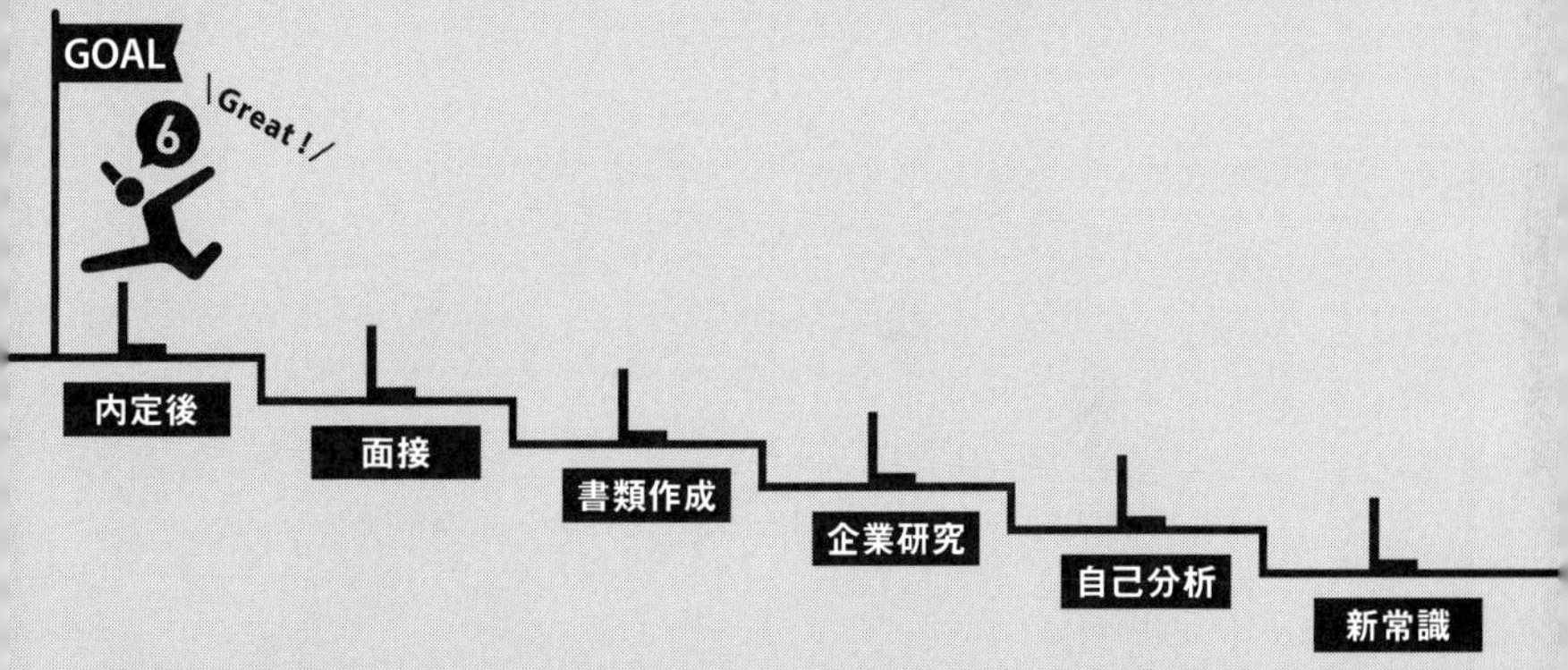

長かった転職活動も終わりに近づいてきました。
過去の職場によい印象を残し、新しい職場で早く
活躍するために、最後まで気を抜かずにいきましょう！

6-1 最後のキーは……

ついに4つまでキーゲット!
次はいよいよ最後のキーだね
さあ5つめの物語は…
あれ？どうしたの？
故障か？
森本先生!?

――出口は!?
やっぱりドアも開かない
ガチャ
ガチャ
そんな…ッ
ど、どうしよう
落ち着いて
きっと何か方法が……――
!

二人とも卒業おめでとうございま～す！
森本先生!?

いや二人ともとっても優秀！
これなら内定間違いなしね！
なんかイメージ違うな…
だってこのセミナーのコンセプトはサスペンスだもの
雰囲気も演出しなきゃね
は、はぁ…
あの…5つめの物語は…？

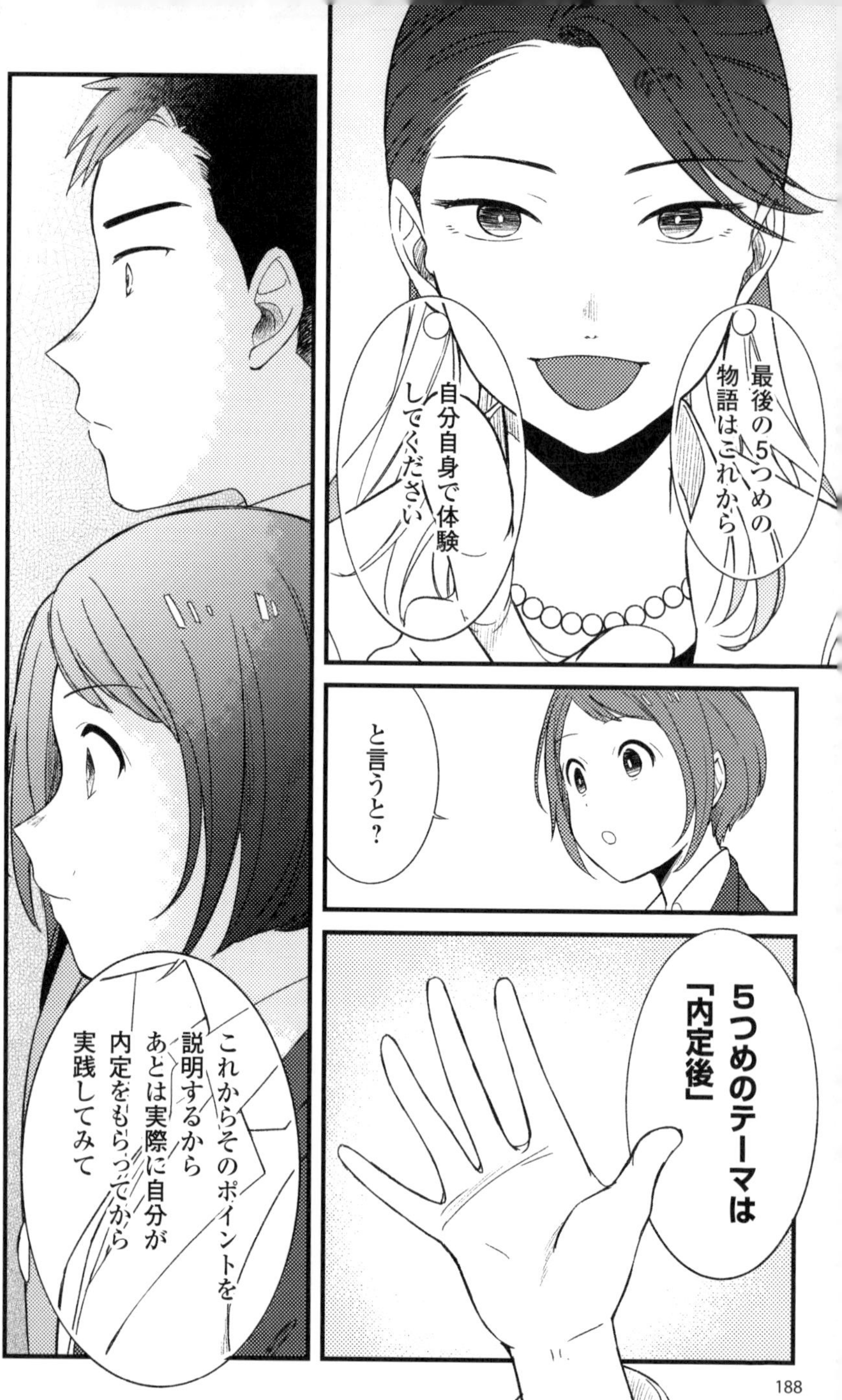
最後の5つめの物語はこれから
自分自身で体験してください
と言うと？
5つめのテーマは「内定後」
これからそのポイントを説明するからあとは実際に自分が内定をもらってから実践してみて

「転職虎の穴」の本当の扉は
自分自身の未来の扉
自分の力で開けてこそ
本当のゴールなのよ

6 内定後

1

スケジュールを立てて準備！ 内定後の退職の流れ

▼内定後にも、やらなければならない作業はたくさんある！

無事に内定の通知を受けても、転職活動が終わった！ と完全に安心してよいのはまだまだ先。転職活動のゴールは近いですが、やらなければならないことはたくさんあります。

内定を得た企業への入社を即決できない人が最初に気になるのは、入社か辞退かを保留できる期間です。企業の状況によっても異なりますが、**保留できるのは一般的に1週間程度が目安。長くても2〜3週間程度**です。限られた採用枠に対して、複数人の選考を並行して進めている中途採用では、スキルなどよりも早く入社できる人を優先するケースもあり、**明確な理由のない保留期間が長すぎると、最悪の場合、内定取り消しになる可能性がある**ことも頭に入れておいてください。

辞退をする場合、伝えにくいからと何も連絡をしないのは、企業に大きな迷惑をかけるため絶対にNG。可能な限り早いタイミングで、「この度は、内定のご連絡をいただきまして、誠

▶退職報告の3つのルール

1
最初に報告するのは直属の上司に
直属の上司よりも上の立場の人間や人事部にいきなり退職を伝えるのはやめましょう。上司の立場が悪くなり、最悪の場合、退職の流れがスムーズにいかなくなる可能性が。

2
まずは口頭で報告すること
退職の意思は、最初はメールではなく、口頭で直接伝えるのが正解。会議室などで直属の上司に伝えましょう。ちなみに「退職願」は明確な退職日が決まったあとで提出します。

3
同僚への報告は公表のあとで
特に親しい人にこっそり伝える程度なら構いませんが、退職を報告するのは、社内で公表があってからが原則。公表するタイミングは、上司や人事部と相談して決めましょう。

にありがとうございます。勝手なことで申し訳ないのですが、都合により内定を辞退させていただきたいと思います」と、**内定のお礼と辞退をはっきりと伝えます**。辞退の理由はあいまいにせず、理由を添えて他社に決断したことを伝えれば問題ありません。

入社を決めたら、最初におこなうのは現在の職場に報告すること。退職の伝え方には、**「①報告するのは直属の上司から」「②まずは口頭で報告する」「③同僚への公式な報告は公表のあと」**などの、社会人としてのルールがあります。順番や伝え方を間違えると、「聞いていないので新しい業務にアサインしてしまった」「誰々は聞いたが、誰々は聞いていないので会議が混乱した」など、トラブルになる可能性もありますので注意してください。ちなみに、法律では「退職日の2週間前」までに退職の意思を示すとされていますが、企業によっては**退職報告の時期が就業規則で決まっている場合もある**ので、規則は前もって確認してください。

企業の状況や業務内容、立場によって大きく異なりますが、スムーズに退職するには次のスケジュールでおこなうのが理想的でしょう。まず、退職の1カ月半〜2カ月前くらいを目安に、先ほど紹介した3つのルールに沿って、退職の意思を伝えます。1カ月半前には上司と相談して退職日を決め、有給休暇を取る場合は、タイミングや期間を相談してください。そして、1カ月前に退職願を提出。退職願は社内に規定の雛形があればそれを使いましょう。20日前に後任者に業務の引き継ぎをおこない、10日前には取引先など社外の関係者にあいさつをします。引き継ぎの方法については、Ｐ１９４を参考にしてください。

退職当日は、健康保険証やセキュリティカード、制服、カギなど会社から付与されていたものの返却や社用のＰＣ内のデータを整理し、社内の人にあいさつをします。転職後も関わりがある可能性も高いので、なるべくよい印象を残せるよう意識して行動しましょう。

▶退職までの理想のスケジュール

2カ月前	上司に退職を報告する	P191で紹介したルールに沿って、まずは直属の上司に口頭で報告します。
1カ月半前	相談して退職日を決める	後任者について上司と相談し、退職日を決めます。有給休暇の消化についても相談しましょう。
1カ月前	「退職願」を会社に提出	多くの会社で「退職願」のフォーマットがあるので、活用しましょう。渡すのは直属の上司でOK。
20日前	業務の引き継ぎを開始	後任者に余計な負担をかけないよう、また転職後に問い合わせがないようしっかりと引き継ぎます。
10日前	取引先など社外の関係者にあいさつ	関係者の数が多い場合、あいさつ状の送付でも構いません。訪問する場合は、後任者を同行させて。
当日	社内の関係者にあいさつ	社内でお世話になった人や、親しい人に、あいさつをして回りましょう。

上司が退職を認めてくれないときには……

提出日を記入した退職願を届け出たという履歴を残しておこう

最近、上司が退職を認めてくれず、退職願が受理されないというトラブルが増えています。回避するために、「退職願には提出日を明記する」「退職願を提出したことをメールで送付し履歴を残す」などをしておきましょう。それでもどうしても難しければ、上司より上の立場の人間などに相談してみましょう。

6　内定後
2

大変なので、しっかり準備！業務引き継ぎの作法

▼項目を整理し、リストアップしながら、引き継ぎを進めよう

業務の引き継ぎは、退職前の大仕事。転職活動中に準備できれば理想的ですが、そこまでやるのはなかなか難しく、通常の業務と同時並行でおこなうため、混乱しがちです。

そこで、**引き継ぎの項目をリストアップし、「いつまでに」「どういう順で」「誰に」を整理するとよい**でしょう。引き継ぎの項目は、「業務内容の情報」「顧客に関する情報」「関係者に関する情報」など膨大な量になります。担当していた業務によって大きく異なりますので、左ページにある例を参考にしてください。

引き継ぐ際は、**業務の後任者と一緒に一連の業務を流れでおこなうと、スムーズでわかりやすく伝えることができます**。とはいえ、すべての業務を後任者と一緒に行うのは時間的に難しいと思いますので、できないときには後任者が困らないよう、できる限り詳細に記した文書を残してください。また、後任者が「自分と同じ業務に慣れた同僚」であれば引き継ぎは簡単で

▶引き継ぎの項目例

- □ 業務の目的やゴール
- □ ほかの業務との関係性や位置づけ
- □ 業務のフロー、優先順位、注意するポイント
- □ トラブルへの対応の仕方や過去のトラブル事例
- □ 顧客の詳細な情報
- □ 関係者や社内関係者のリスト
- □ 業務で使用する資料のフォーマット
- □ 業務上で役立つ書籍やホームページなど
- □ 取引状況や契約内容、仕様書、進捗状況など
- □ 退職後の自分の連絡先

すが、「新入社員」や「他部署の人」「中途で採用されたばかりの人」といったケースもあります。自分の知識や経験を当然のものと思わずに、相手に合わせて引き継ぎの対応をしましょう。

また、**取引先へ退職のあいさつ回りをする際は、引き継ぎの一環として後任者とともに訪れるのが基本**です。先方の担当者が不安を感じないように、後任者の長所を伝えたり、社内のよい評判を伝えるなどサポートをしてあげるとよいでしょう。

また、過去のものでも、自分が担当していた期間に取引先とトラブルになったことがあれば、必ず伝えましょう。

6 内定後
3

最低限知っておくべき退職後のお金の話

▼社会人として、「失業給付金」「健康保険」「税金」のことは頭に入れて

転職先が決まらずに退職をした人を経済的に支えてくれる仕組みが、「失業給付金」です。受け取る資格があるのは、左ページにある受給条件を満たす人。受け取れる期間は退職理由と、雇用保険に加入していた期間（基本的には前職での在職期間）で決まり、受け取れる金額（上限が定められています）は、退職前の収入と年齢で決まります。ハローワークなどで、「雇用保険被保険者離職票」や「雇用保険被保険者証」など、退職後に企業から受け取る書類や、判子、身分証明書などを持参し、所定の手続きをする必要があります。注意しなければならないのは、退職の理由が解雇、リストラなど会社都合ではなく、**自己都合の場合、受給できるのはハローワークで受給資格の認定を受けてから3カ月後になる**ことです。

また、転職先が決まっていない場合は、「健康保険」と「税金」に関する手続きも必要です。健康保険に関しては、国の医療保険である「国民健康保険」か、家族や親族の被扶養者になる

▶失業給付を受け取る条件

①ハローワークに来所し、求職の申し込みを行い、就職しようとする積極的な意思があり、いつでも就職できる能力があるにもかかわらず、本人やハローワークの努力によっても、職業に就くことができない「失業の状態」にあること。

②離職の日以前２年間に、被保険者期間が通算して12カ月以上あること。
ただし、特定受給資格者又は特定理由離職者については、離職の日以前1年間に、被保険者期間が通算して6カ月以上ある場合でも可。

「家族の健康保険（被扶養者）」、在職中の保険を継続する「任意継続健康保険」のいずれかに加入する必要があります。**任意継続健康保険に加入する場合は、在職中には企業が支払ってくれていた分を、自分で負担しなければならなくなります**。

「税金」に関しては、基本的に「所得税」や「住民税」の手続きが必要です。手続きの内容は、退職や新しい企業への就職の時期などによっても異なるため、詳しくは再就職先や税務署などに確認してください。ちなみに、「厚生年金」の加入資格は退職と同時に失われるため、お住まいの市区町村で国民年金への切り替え手続きをおこないましょう。

6 内定後 4

転職した企業でいち早く活躍するために

新しい環境で輝くには、まずは周囲の人と信頼関係を築くこと

転職における本当のゴールとは、新たな職場で自分の能力を発揮し活躍すること。転職後の企業でいち早く環境になじみ、高い評価を得る人には、いくつかの共通点があります。

まずは、**社会人の基本である「自分からあいさつができる人」**です。当たり前と思われるかもしれませんが、キャリアのある人ほど、プライドが邪魔をして年下の同僚などには、自分から声がけができないもの。しかし、自分のほうがどんなに経験や知識が豊富でも、新しい会社では全員が先輩です。年齢やキャリアに関わらず、**謙虚な気持ちで、自分からあいさつすると、好感をもたれる**でしょう。

「どんな業務にも挑戦する」姿勢も重要です。転職では「経験やスキル」を請われて採用されたという自負があるため、自分が期待されている以外の仕事を頼まれると「自分の仕事ではない」「経験がないからやらない」という姿勢になる人がいます。ですが、**会社が変われば、業**

務の範囲や役割が変わるのは当然です。わからないことでも周囲にアドバイスを受けながら積極的にチャレンジしていきましょう。

評価が低くなってしまいがちなのが、「前の会社を引きずる」こと。求められていない場面で、「前の会社ではこうしていた」などと言うと、ほかの社員の反感を買う原因になってしまいます。気づかないうちに周囲との壁になってしまうことにもなるので、まずは現状を受け入れることを意識しましょう。また、**転職した当初から「課題や問題点について言及する」のも、現場社員に好ましい印象をあたえません**。経営層などから「どんどん改善してほしい」などと言われて入社した転職者は、肩に力が入り最初から〝社内改革〟の提案をしてしまいがちです。自分が普段関わる現場の社員と信頼関係がないうちから、新しいことを提案しても、周囲から孤立してしまい、うまくいかない可能性が高いのです。経営層と現場社員は往々にして温度が異なるため、入社直後は、それまでのやり方を受け入れ、信頼関係を築いてから1つひとつ提案していきましょう。

　転職先で能力を発揮するには、**まずは周囲との人間関係をつくり、信頼されるのが先決、**ということを肝に銘じておいてください。

在職中にいただいた名刺です
私の担当分はすべてそろっていると思います
名刺の管理は規定に従ってね
名刺を次の会社にもっていくのが完全NGのところもあるから注意！
退職の旨は伝えてありますし担当の引き継ぎも済んでいます

ごくろうさま次の会社でもがんばってね
ありがとうございます
え!?辞める?
第一会議室
はい
次の職場で新しいことにチャレンジしたいと思いまして

退職の意思はまず直属の上司に伝えること引き留められることも多いからそれも考慮してスケジューリングしてね
どれくらいが目安ですか？
法律上は２週間だけど常識的には２カ月～１カ月半
引き留められても法律で職業選択の自由が認められているので突っぱねても違法にならないから安心して
なんとか思いとどまってくれないかなキミがいなくなると困るなあ…
本当に申し訳ありません

自分の可能性を試してみたいんです！
自分の人生を正解にするのは自分自身
自分の力を信じて未来の扉を開いてくださいね

転職とは
自分のWILLを

実現すること

おわりに

いかがだったでしょうか？　本書を読み終えたあなたなら、間違いなく内定を獲得し、転職を成功させる方法が身についているはずです。転職に迷っていたけど本書を読んで転職活動をスタートしてみようという人は、まずはしっかりと「覚悟」を固めることから始めてください（わからない人はステージ1を読んでください！）。

人材の流動化が活発になっている現在、企業の採用方法はますます多様化しています。本編で紹介したリファーラル採用以外にも、自社で発信する「オウンドメディア」を活用した採用や、Ｆａｃｅｂｏｏｋなどの「ＳＮＳ」を使った採用も増えてきました。また、雇用形態も正社員や契約社員、派遣社員など以外にも、ひと昔前はあまり見られなかった「業務委託」や「顧問」などもずいぶん一般的になり、1つの会社だけで就労するのではなく、複数の会社に関わりながら副業や兼業といったはたらき方を選択する人も増えてきました。採用方法もはたらき方の選択肢も広がっている現在、アンテナを伸ばして探せば、より自分らしいはたらき方に出合えるはずです。

最後に、もう一度「ＷＩＬＬ」について考えてみましょう。「ＷＩＬＬ」とは、〝意思をもって取り組みたいこと〟。簡単に言えば「自分がワクワクすること」であり、少し大きく言い替えれば「自分が何のために仕事をしているのか」「何のために生きているのか」ということです。ですから、「今は、自分をワクワクさせてくれる、人生の目的を実現するための階段を一歩一歩のぼっている最中なんだ」、そんな気持ちをもてば、苦労の多い転職活動を楽しめるのではないでしょうか。

転職活動における内定は、ある意味ではゴールでありますが、長いビジネス人生を考えるとそこからが本当の意味でリスタートです。本書を読んだあなたが自分のＷＩＬＬの実現に向けて、勇気ある最初の第一歩を踏み出していただけることを心から願っています。いつかきっとお会いできることを楽しみにしています。

森本　千賀子

森本千賀子 もりもと ちかこ

1993年、獨協大学外国語学部英語学科卒業後、株式会社リクルート人材センター（現リクルートキャリア）入社。2010年、エグゼクティブ層へのキャリア支援に特化した株式会社リクルートエグゼクティブエージェントに出向、転籍。転職エージェントとして、大手からベンチャーまで幅広い企業に対し人材戦略コンサルティング、採用支援サポート全般を手がけ、主に経営幹部・管理職クラスでの実績多数。約2000人超の転職に携わる。約3万人超の求職者と向き合い、4500社を超えるクライアント企業を担当。2017年3月に株式会社 morich 設立、代表取締役 兼 All Rounder Agent として就任。NPO 法人 (放課後 NPO アフタースクールなど) の理事や成長ポテンシャルの高いベンチャー企業、オーナーカンパニーでもある老舗企業の社外取締役や顧問なども歴任、『転職エージェントが教える 後悔しない社会人1年目の働き方』（西東社）、『カリスマ転職コンサルタントが40代、50代で希望の転職を実現するノウハウを公開 35歳からの「人生を変える」転職』（秀和システム）、『トップコンサルタントが教える 本気の転職パーフェクトガイド』（新星出版社）など著書多数。メディアへの発信、全国の経営者や人事、各省庁・自治体、小中高校・大学等の教育機関など講演・セミナー登壇など、マルチで活躍する現代のスーパーウーマン。

株式会社 morich HP：https://morich.jp

編集	田山康一郎＋千葉慶博（株式会社KWC）
編集協力	杉浦美佐緒
マンガ作画	かたしな（プロローグ、STAGE1、STAGE6、エピローグ） 卯月なごや（STAGE2）　タナカトモ（STAGE3）　つなぎ（STAGE4、STAGE5）
マンガ構成協力	小川京美、狐塚あやめ、卯月なごや
ミニキャライラスト	かたしな
マンガ編集	株式会社サイドランチ
イラスト	株式会社ウエイド
デザイン	二ノ宮 匡（ニクスインク）
DTP	ニクスインク
校正	聚珍社

マンガでわかる **成功する転職**

監修者	森本千賀子
マンガ	サイドランチ
発行者	池田士文
印刷所	株式会社光邦
製本所	株式会社光邦
発行所	株式会社池田書店 〒162-0851　東京都新宿区弁天町43番地 電話03-3267-6821（代）／振替00120-9-60072 落丁、乱丁はお取り替えいたします。

ISBN 978-4-262-17474-7

19000007